Jan Zerbst, geboren 1980, überstand dreizehn
Jahre Waldorfschule in Braunschweig und fünf
Jahre Studium in Göttingen und Schweden
erfolgreich. Heute lebt er in Hannover und
ist Comedyautor, Sprecher und Radiomoderator
bei *ffn*. Für seine Arbeit gewann er zahlreiche
Preise, unter anderem den Deutschen Radiopreis
2012 in der Kategorie Comedy.

Ari Plikat, geboren 1958 in Lüdenscheid.
Lebt in Dortmund, zeichnet Illustrationen,
Cartoons und komische Bilder, die in
vielen Zeitungen und Zeitschriften zu
sehen sind. *www.ariplikat.de*

2. Auflage 2013

© Lappan Verlag GmbH, Oldenburg 2013

Der Lappan Verlag ist ein Unternehmen
der Verlagsgruppe Ueberreuter.

ISBN 978-3-8303-3349-4

Lektorat: Nicola Heinrichs

Gestaltung | Herstellung: Monika Swirski

Druck und Bindung: OAN Leipzig

Printed in Germany   ˋ

www.lappan.de

Jan Zerbst

Die Welt in 30 Sekunden!

Illustrationen von Ari Plikat

Lappan

Inhalt

Erstes Date

Eine Frau bereitet ein erstes Date akribisch vor: passende Unterwäsche zum Outfit kaufen, Sport machen für die Problemzonen, Pediküre, Maniküre, Gesichtsmasken, Diskussionen mit den Freundinnen, ob Haare auf oder Haare zu oder flechten, dann noch Kaugummi gegen Mundgeruch, ein passendes Parfum und dann vorsichtig zum Treffpunkt fahren, ohne das Styling zu zerstören.

Der Mann riecht fünf Minuten vor Abfahrt an seinem Hemd, an seinen Socken und unter seinen Achseln, befindet den Duft für *noch ok* und kauft sich auf der Fahrt zum Date noch einen Döner mit viel Zaziki.

Bestellung bei Subway

Fast food bedeutet, dass es schnell geht. Darum wird man gleich mit einer Frage begrüßt:

- *Hallo, welches Brot?*
- *Weißbrot.*
- *Ham wa nich. Es gibt Cheese Oregano Honey Oat Italian.*
- *Ok, Italian. Und drauf bitte Hähnchenbrust.*
- *Ham wa nich. Es gibt Turkey, Ham oder Turkey and Ham oder Turkey, Ham and Bacon Melt oder Chicken Fajita oder Teriyaki oder Spicy Italian Veggie Steak …*
- *Dann eben Turkey.*

Wer dann glaubt am Ziel zu sein, der irrt gewaltig. Jetzt ist in etwa Halbzeit.

- *15 oder 30 cm? Extra Käse? Extra Bacon? Getoastet? Mit Jalapeños, Oliven, Paprika?*
- *Jaja, alles.*
- *Als Sauce hätten wir Sweet Onion, Honey Mustard, Chipotle Southwest, Asiago Ceasar blablabla.*

Wer im Supermarkt ordentlich einkauft und sich dann zu Hause ein eigenes, dickes Käsebrot macht, lebt gesünder, leckerer, billiger und spart vor allem unglaublich viel Zeit – im Vergleich zu *fast food*.

Zoobesuch

Papa guckt von der ersten Sekunde an nur durch die Kamera, die Kinder sauen sich mit Eis ein, und dann rennt die Familie völlig desinteressiert an allen Normaltieren vorbei. Das sind Antilopen, Ochsen, Gnus, Esel, Alpakas usw. Die gehören zwar dazu, damit der Zoo behaupten kann, alles im Angebot zu haben, will aber keiner sehen. Stattdessen hängen alle bei den schlafenden Löwen 'rum oder bei den Elefanten und warten, dass einer pinkelt.

Dann quengeln die Kinder, bis sie zur Streichelwiese dürfen, quengeln, bis die Eltern ihnen Futter für die Ziegen kaufen und fangen dann an zu heulen, weil die Ziegen zu nah kommen.

Am Ende des Tages hat die Familie 100 Euro ausgegeben, die Kinder sind von Kopf bis Fuß mit Eis bekleckert, Mama jammert, weil sie nach Affenhaus riecht und Papa flucht, weil die Streichelwiesenziege die Kameraspeicherkarte gefressen hat.

Tag eines Kandidaten im Wahlkampf

Aufstehen, Treffen mit Wirtschaftsbossen, Loch buddeln, Baum rein, **Foto.** Kurze Rede: „Unser Land, Visionen, auch **nach** der Wahl, **mein Vater** war selber Maurer. Ich weiß, wovon ich rede."

Nächster Termin, Altenheim, Essen verteilen, **Foto.** Kurze Rede: „Gute alte Zeit, Respekt vor dem Alter, auch **nach** der Wahl, **meine Mutter** hat früher meine Oma gepflegt. Ich weiß, wovon ich rede."

Nächster Termin, Kindergarten, Kopf streicheln, **Foto.** Kurze Rede: „Zukunft, Investieren, Bildung, Betreuung. Ich will auch **nach** der Wahl für alle Eltern da sein, **meine Eltern** waren früher auch Eltern. Ich weiß, wovon ich rede."

Endlich nach Hause, Frau begrüßen, **kein Foto,** übermüdet ins Bett fallen, Frau will Zärtlichkeit. Kurze Rede: „Vielleicht ja **nach** der Wahl. Jetzt ist erst mal Eigeninitiative gefordert. Ich weiß, wovon ich rede."

Auswanderer-Dokus

Schlecht gelaunte Eltern erinnern sich wehmütig an den letzten Urlaub in Thailand oder auf Teneriffa und entscheiden sich mal eben beim Abendbrot, auszuwandern. Wenn das Haus aufgelöst, die Freunde verabschiedet und die Haustiere eingeschläfert sind, geht's mit dem Flugzeug ab ins neue Leben. Vor Ort fällt ihnen dann meistens ein, dass sie die Landessprache ja gar nicht können.

Dann: Aufregen über die Bürokratie, schwitzen, Ehekrach, Tränen und mit Hängen und Würgen und Händen und Füßen kommunizieren: *„We are on the search after a Immobilie hier on Teneriffa."*

In der nächsten Folge dann ein Zeitsprung. Ein Jahr später hat sich für die Familie alles geändert: Sie sind mit einer eigenen Bar und einer eigenen Spedition ... komplett pleite gegangen, haben Zoff mit allen Nachbarn, überall Schulden und wirken um 20 Jahre gealtert. Wenn sie allerdings gefragt werden, ob sie es bereuen, ausgewandert zu sein, sagen sie in unverändert miesem Englisch: *Nö, never. We have it good hier, because the weather is nämlich better than in Germany.*

Großstadtpärchenabend

Kennengelernt haben sich Lars und Johanna und Tjark und Katharina wahlweise beim Geburtsvorbereitungs-, Töpfer- oder Kochkurs.

Erst zehn Minuten im Flur rumstehen. Die Frauen umarmen sich dabei zwanzig Mal und sagen: *„Superschön, dich wiederzusehen, echt superhübsche Einrichtung, und du hast ja echt ein superschönes Kleid an."*

Der Gastgeber hat gekocht, und die Gäste sagen: *„Tjark,* **su-per-lecker** *dein Sushi, du".* Und Tjark sagt: *„Danke Johanna, ist alles glutenfrei. Übrigens unser Toskanaurlaub war super! Wie geht's denn eurem superneuen afrikanischen Patenkind?"*

Die Verabschiedung im Flur dauert eine halbe Stunde, weil die Frauen noch superviel besprechen müssen. Am Ende sagen sich Johanna und Katharina, dass man das **un-be-dingt** mal wiederholen muss.

Auf dem Heimweg sagt Johanna dann zu Lars im Taxi: *„Superhässliche Einrichtung, supernerviger Typ, superekelhaftes Essen. Da fahren wir nie wieder hin!"*

Waldorfschule

Der Waldorfschüler lebt in fünf- bis achteckigen Holzhäusern ohne Fernseher, ohne Fußball und ohne Automaten, dafür aber mit einem Schulgarten mit Bäumen und Schafen drin.

Bis zum Abitur wird der Waldorfschüler in allen entscheidenden Wissensbereichen unterrichtet. Im Biounterricht lernt er biologisch dynamischen Gartenbau, in Deutsch erfährt er alles über den Weltenatem, und in Musik lernt er, wie man mit der Blockflöte spielen kann. Und flöten. Außerdem: Apfelbaumveredelung, Stricken, Vollkornbrot backen, Kupfertreiben, Häkeln, Schafzucht und Namen tanzen.

Nebenbei, und wenn gerade Personal da ist, gibt es auch noch kurze Unterrichtseinheiten in Nebensächlichkeiten wie Physik, Fremdsprachen und Mathe.

Erst kurz vor dem Abi wird das Tempo verschärft. Ein kurzer Auszug aus der Waldorf-Abiturvorbereitung in Mathematik: *„Ein Bauer hat 40 kg Kartoffeln und 10 Kohlköpfe geerntet. Er hat 4 Kinder und eine Frau. Aufgabe: Male die Familie bei der Feldarbeit!"*

Campingurlaub

Einfach die Natur genießen und das Zelt da aufschlagen, wo es einem gefällt. So könnte Campingurlaub sein.

Natürlich kommt das Zelt in Wirklichkeit dahin, wohin der Campingplatzwart es befiehlt. Winziger Stellplatz, Waschraum einen Kilometer entfernt, sauteuer. Beim Zelt aufbauen Riesenzoff. Kinder sind sauer auf Vatter, weil sie ins Hotel wollten, Vatter ist sauer auf Mutti, weil sie die Heringe verbiegt, Mutti ist sauer auf die Kinder, weil das Zelt seit dem letzten Festival nach alten Socken und Bier stinkt.

Endlich aufgebaut, Runde Uno spielen, von den Nachbarn im Wohnwagen links und rechts angebrüllt werden, weil Mittagsruhe ist. In der darf man laut Platzordnung nicht mal atmen.

Dann fängt es an zu dämmern und zu gießen. Gaskocher im Zelt ist verboten. Während es langsam anfängt reinzuregnen, gibt es im Schein der Taschenlampe, in dem sich alle Mücken der Gegend versammeln, kalte Ravioli, und die Kinder kippen aus Versehen Fanta auf die Schlafsäcke.

Ist schon toll, so ein Campingurlaub mit Ruhe und Natur und Freiheit.

Umzug

Zu einem guten Umzug gehören zwei Tiere: unter dem Schrank die fußballgroßen Wollmäuse und in der Küche der Mettigel für die Umzugshelfer.

Natürlich wird jeder Umzug für Samstag, acht Uhr morgens angesetzt. Was bedeutet, dass alle müde, verkatert und grummelig sind, und wenn sie ankommen, ist noch kein Karton gepackt.

Bei jedem Umzug gibt es die überehrgeizigen Angeber-Helfer. Die fachsimpeln bei jedem Karton, **w o** im Umzugswagen der unbedingt stehen muss, wegen der Statik, beim ganzen Fachsimpeln packen sie leider gar nicht mit an.

Bei jedem Umzug gibt es auch den, der zwei Stunden später als vereinbart zum Helfen kommt und sagt, dass er in einer halben Stunde echt wieder los muss.

Bei jedem Umzug gibt es Frauen, die gestylt wie für ein Gala-Dinner auftauchen und leider mit den ganz frisch gemachten Nägeln nichts anfassen können.

Und wenn nach vielen unharmonischen Stunden endlich alles haargenau in den Umzugswagen gepasst hat, fällt dem Umziehenden grundsätzlich ein, dass er ja auch einen Kellerraum besitzt. Meistens randvoll mit Möbeln, Schmutz und Sperrmüll.

LKW-Überholmanöver

Kurz nachdem man auf die linke Spur gefahren ist, schert vor einem ein polnischer LKW aus.

Dann **beschleunigt** der polnische LKW und fährt damit 0,00000001 km/h schneller als der LKW auf der rechten Spur.

Dann heißt es warten. Die Uhr tickt, die Kinder quengeln, es wird langsam dunkel, es wird Nacht, die Sonne geht wieder auf. Der polnische LKW hat inzwischen die Rücklichter des rechten LKW eingeholt.

Die Zeit läuft weiter. Es wird Frühling, der Papst spricht seinen Oster-Segen, die Zeit wird umgestellt. Der polnische LKW ist mit dem Führerhaus schon fast am rechten LKW vorbei.

Es wird heiß, der Sommer kommt und geht, dann der Herbst und während der LKW ruckzuck sein Überholmanöver beendet, begrüßt man mit langen Fingernägeln und einem Vollbart bis zum Knie voller Freude das neue Jahr.

Traumschiff

Die Besatzung muss sich jedes Mal vor Ekel über die Reling übergeben, wenn die schmierigsten deutschen Schleim-Promis eine Kreuzfahrt bezahlt kriegen.

- Harald Schmidt (sonst eigentlich nicht schmierig, dafür aber ein miserabler Schauspieler) spielt den Vater.
- Iris Berben spielt die Mutter (ist aber neidisch auf die Rolle von Uschi Glas).
- Uschi Glas ist die Tochter (weil sie ja so wahnsinnig jung aussieht).
- Und Hardy Krüger Junior spielt den Junior.

Das allgemeingültige Drehbuch: Ein Paar mit Eheproblemen trifft am Strand von Madagaskar zufällig die eigene Tochter, von der alle dachten, die wäre tot. Papa hat Krebs, und ihm fehlt ein Bein, er wird aber unterwegs von einem Medizinmann geheilt, und das Bein wächst neu. Die Tochter verliebt sich blöderweise in ihren Bruder. Dann kommt raus, dass der nur adoptiert war und dass sich alle legal lieb haben dürfen. Am Ende müssen alle rhythmisch klatschen, und die Besatzung trägt Tiefkühltorte mit Wunderkerzen durchs Schiff.

Montag im Büro

Computer hochfahren, in die Küche gehen, Kaffee eingießen, die Kollegen begrüßen, auf die man sich das ganze Wochenende schon nicht gefreut hat. Jede Woche dieselben Fragen: *Na, wie war dein Wochenende?* – wobei nie die Antwort abgewartet wird, sondern die Kollegin gleich selbst erzählt *... also wir waren ja auf'm Flohmarkt, uuund die Kiddies waren den ganzen Vormittag auf der Hüpfburg ...* So geht das locker eine Viertelstunde. Dann zum Glück das erste Meeting mit dem Junior Coordinator of Corporate Finance und dem Vice Administrator of Quality Monitoring, also zwei Azubis. Dann Mittagspause mit den lieben Kollegen *... und am Sonntag hatten wir Grillfest im Garten, mit den Nachbar-Kiddies ... blabla.* Möglichst schnell den Kantinenfraß runterschlingen. Zurück zum Platz und noch ein bisschen vor der richtigen Arbeit drücken, irgendwas sortieren, lochen, abheften. Und dann ist mit etwas Glück bald Feierabend. Arbeiten kann man ja dann am nächsten Tag. Generell gilt: Die ersten fünf Tage nach dem Wochenende sind die schlimmsten.

Fußball gucken mit Frauen

Kurz nach dem Anpfiff stellt die Frau schon die erste Fachfrage, nämlich warum die Trikots nicht enger geschnitten sind. Es folgen mindestens drei furchtbare **Eigentlich**-Fragen:

- *Wer spielt eigentlich gegen wen?*
- *Welche Runde Bundesliga ist das eigentlich?*
- *Spielt Ribery eigentlich für Wolfsburg oder für Deutschland?*

Dann folgen geistreiche Meinungsäußerungen, die Mann nicht beantworten sollte:

- *Ich bin für die Mannschaft, in der Beckham spielt.*
- *Ich glaube, der Schiri war im Abseits.*
- *Wollen wir nicht mal kurz umschalten?*

Wenn das Spiel gegen Ende richtig spannend wird, bekommt Mann dann noch Ärger von der Frau, dass man ja keine Kraftausdrücke verwenden *müsse.* Es sei ja **n u r** ein Spiel.

Wenn Mann schließlich leidet, weil die eigene Mannschaft verloren hat, sagt die Frau den magischen Satz:

- *Ist doch nur Fußball!*

Spätestens dann verspricht Mann ihr nach Rache dürstend: *Nächstes Mal, Schatz, gucken wir gemeinsam Dirty Dancing!*

Wartezimmer

Man betritt das Wartezimmer mit einem fröhlichen „Hallo" – und bekommt als Antwort diffuses Gemurmel, so wie: „mmmhorgn ... NtnTag ..." Man setzt sich möglichst weit weg von allen anderen auf einen der abgenibbelten Stühle, und sofort kommt einer ins Wartezimmer, der feucht niest, rasselnd hustet und blubbernd durch die Nase hochzieht. Der setzt sich natürlich direkt neben einen.

Die Sprechstundenhilfe ruft einen Patienten nach dem anderen auf – auch alle, die **nach** einem gekommen sind. Eine halbe Stunde später ist man bereits so mürbe, dass man zum dritten Mal die klebrige *Gala* durchblättert. Irgendeine Prinzessin heiratet (Sitznachbar niest feucht), irgendein Promi hat ein Baby (Sitznachbar hustet rasselnd), und Lothar Matthäus hat 'ne Neue Teenie-Freundin (Sitznachbar schnieft blubbernd).

Nach frühestens einer Stunde kommt man endlich dran, und der Arzt braucht für die Diagnose eine Minute: *„Da muss ich Sie mal zum Facharzt schicken – erst einmal Neurologe, dann Dermatologe dann Urologe. Tschüss."*

WARTE
ZIMMER

Osterfeuer

In den Dörfern karren zunächst die freiwilligen Helfer mit dem Trecker sämtliche Gartenabfälle zum Osterfeuerplatz, also beispielsweise Zweige, alte Autoreifen, Altöl usw.

In den folgenden Tagen gibt es die sogenannte Feuerwache, was bedeutet, dass sich die Jugendfeuerwehr in Zelten auf der matschigen Osterfeuer-Wiese betrinkt und aufpasst, dass keinem aus den Nachbardörfern frühzeitig eine zündende Idee kommt.

Währenddessen verkriechen sich sämtliche Igel der Umgebung unter dem großen Haufen – ist ja ein tolles Versteck – merken dann am Osterfeuerabend, dass es langsam angenehm warm wird, und etwas später fühlen sie sich dann irgendwie ein bisschen verkohlt.

In der Dämmerung wabert dicker Qualm durchs Dorf und der Geruch nach Bratwurst, Bier, Feuer, verbranntem Plastik und Igel. Ab geht's knietief in den Matsch in die feuerliche Atmosphäre.

Und wer dumm genug war und zu Hause auch nur ein einziges Fenster einen Spalt breit offen gelassen hat, bei dem riecht die ganze Bude bis zum Sommer nach Rauch. Und geröstetem Igel.

Schlag den Raab

Viele mögliche Gegner werden vorgestellt. Nach einer Stunde wird von den *Zuschauern* ein dreißigjähriger promovierter Kampfjetpilot mit schwarzem Gürtel in Judo, Karate und Kung-Fu, der früher schon mal Seiltanz- und Schachweltmeister war, ausgewählt.

Raab will ihn **u n b e d i n g t** schlagen. Bei jedem Spiel wird diskutiert und diskutiert und diskutiert, und gleich am Anfang zerkratzt sich Raab vor lauter Kampfgeist das Gesicht. Alle fünf Minuten soll man als Zuschauer irgendwo anrufen, um irgendwelche Autos zu gewinnen. Bereits im zweiten Spiel kriegt Raab eine Fleischwunde. Nach drei Stunden sind von 120 Punkten erst drei vergeben, und es ist *(gähn)* noch alles offen. Nach vier Stunden hat Raab mindestens ein Körperteil verloren, kämpft aber total tapfer weiter. Irgendwann in den Morgenstunden hat Raab gewonnen und sackt jubelnd in einer Blutlache zusammen.

Taxifahrt

Der Taxifahrertyp 1 ist bärtig, riecht nach kaltem Rauch, hört laute Rock-Oldies und guckt griesgrämig.

Typ 2 ist mit Goldkettchen behängt, riecht nach Duftbaum, hört orientalische Folklore und grinst die ganze Zeit.

Typ 1 sagt die ganze Fahrt kein Wort und gibt einem das Gefühl, dass man stört. Typ 2 telefoniert die ganze Zeit in einer komischen Sprache mit dem Handy, und man hat Angst, dass er einen verschleppt.

Alle Taxifahrer haben aber auch etwas gemeinsam: Sie fahren wie gesengte Säue, am Ende der Fahrt ist einem speiübel, und man zahlt so viel, wie für ein Essen im Sternerestaurant.

Ach ja, und Typ 3: gepflegtes Äußeres, sympathische Ausstrahlung, gute Musik, angenehmer Fahrstil. Dieser Typ ist in der Realität leider nicht anzutreffen.

Ein Tag im Leben von Wladimir Putin

Aufstehen um fünf Uhr morgens, Gymnastik vor dem Spiegel, damit die Oberkörpermuskulatur fein ausdefiniert ist.

Dann im Kreml irgendwen zusammenfalten, irgendwen entlassen und irgendwen, der ungefährlich ist, wieder einstellen.

Dann mit Pressemeute in die Pampa fahren und mit nacktem Oberkörper einen Tiger erschießen, Foto für die Zeitung.

Dann gleich noch schnell im Toten Meer einen Schatz finden, auch mit nacktem Oberkörper, Foto für die Zeitung.

Dann ein paar Frauen wegsperren, weil sie protestiert haben, und zwar mit nacktem Oberkörper, davon bitte möglichst kein Foto für die Zeitung.

Dann nach Westeuropa jetten und irgendeinem Trottel die Hand schütteln und aus Spaß die Demokratie loben. Ausnahmsweise nicht mit nacktem Oberkörper. Vor dem Schlafengehen legt Wladimir schnell noch fest, mit wie viel

Prozent er bei der nächsten Wahl gewählt werden will, liest sich selbst eine Gute-Nacht-Geschichte aus einem selbst umgeschriebenen Geschichtsbuch vor und schlüpft glücklich unter die Sowjet-Militärbettwäsche – natürlich mit nacktem Oberkörper.

Spießer

Spießer haben Reihenhäuser, Jägerzäune, Hobbykeller und selbst gebackene Ton-Klingelschilder. Sie fahren VW, Opel oder nach Malle. Sie essen Drei-Komponenten-Essen mit Fleisch und zwei Sättigungsbeilagen. Sie bestellen das Essen bei bofrost oder Eismann. Sie beschweren sich über Nachbarn, kleine Parteien und **d i e J u g e n d .** Sie arbeiten von *Nine to Five* und dann noch im Schrebergarten. Sie halten zu Hause Mittagsruhe und beim Chef die Klappe. Sie heißen Michael und Dagmar, und ihre Kinder heißen Marvin und Sina. Sie haben drei Bausparkonten und fünf Versicherungen und – wichtigstes Merkmal – sie halten sich selbst für spontan, kreativ und aufregend!

Harry Potter

Für alle, die diese Geschichte nie gelesen haben, hier kurz die Zusammenfassung aller Bücher und Filme: Harry Potter ist ein kleiner Nerd aus England. Der superfiese Voldemort versucht ständig, ihn totzukriegen, klappt aber nicht.

Harrys zwei Zaubererfreunde sind wie Siegfried und Roy, heißen aber Hermine und Ron, wohnen in Hogwarts statt in Las Vegas und haben Eulen statt Tiger. Umgeben sind sie zudem von so possierlichen Tierchen wie Hauselfen, Kobolden, Zentauren und Werwölfen.

Die coolste Sportart klingt wie eine neue Bionadesorte: Quidditch. Und die meisten Nachnamen klingen wie eklige englische Haferschleim-Gerichte: Gryffindor, Weasley, Crouch, Hufflepuff, Slytherin usw.

Am Ende kämpfen viele total Gute gegen viele total Böse. Dumbledore ist total gut, Malfoy total böse, Dobby ist total gut, Kreacher ist total böse, und am Ende, nach acht langen Büchern, ist Harry Potter immer noch nicht tot.

Teeniesprache

Lektion 1:

ch wird immer wie **sch** gesprochen.

Übungssatz: *Isch find's nisch' cool so, escht!*

Lektion 2:

Indirekte Rede funktioniert nur mit **ich so, er so, sie so.**

Übungssatz: *Er so: Hä? Isch so: Was? Er so: Ja Mann. Isch so: Halloooo?*

Lektion 3:

Hänge vor jedes Adjektiv ein **end,** vor jedes Verb ein **übelst** und vor jedes Hauptwort ein **mega** plus Artikel.

Übungssatz: *Alter, endkrass. Er hat sisch übelst gefreut. Das ist mega das Geschenk!*

Lektion 4:

Vermeide bei Ortsangaben alle Artikel.

Übungssatz: *Bist du schon Stadt? Ich bin U-Bahn. Wir sehen uns gleisch Kino!*

Insulaner

Insulaner können eines besonders gut: Gedöns an Touris verkloppen.

In den Cafés gibt es irgendeine ausgedachte Friesengrütze mit echter Sanddorn-Insel-Pampe, deren Früchte von den Hecken stammen, in die die Hunde immer reinpinkeln. Dazu trinkt man *Schietwettertee,* das ist Pfefferminztee mit ein wenig Sanddorn, natürlich aus den besagten Hecken.

Vormittags gibt es Thalasso-Algen-Öl-Bäder. Dabei werden die Touris in die Pampe gesteckt, die bei der letzten Ölpest vom Strand gekratzt wurde, inklusive Möwenteilchen und einer Prise Sanddorn.

Nachmittags Shopping: Im Angebot sind blau-weiße Porzellanreste, auf denen steht *bi uns to hus* oder *kiek mol wedder in.*

Zum Abendbrot das Highlight: überteuerte Kutterscholle mit Sanddornsößchen. Natürlich wurde die Scholle wirklich mit einem Kutter gefangen, allerdings in Bangladesch.

Und wenn die Insulaner dabei den ganzen Tag so richtig ekelhaft, mies gelaunt und widerlich unfreundlich sind, dann sagen alle Touris: *Mensch, das ist diese typisch norddeutsche Art. Toll. Da gibt man doch gerne Trinkgeld.*

Studenten-O-Phase

Gerade bei Mama und Papa ausgezogen, geht es für die Uni-Frischlinge in die Obhut der Tutoren. Die organisieren eine O-Phase, um den Erstis zu zeigen, wie die Bibliothek funktioniert, wo die Hörsäle sind, wie man Vorlesungen wählt … *kleiner Scherz!*

Die Tutoren schleppen alle mit in die Kneipe, füllen sie bei Trinkspielen ab, und was danach passiert, ist nicht gesund, nicht jugendfrei und am nächsten Tag in der Mensa extrem peinlich.

Dann folgen die Partys bei den Mathematikern, den Physikern, den Juristen, den Sportlern, den Wiwis, den Sowis, den Psychos, den Philos und den Theos.

Dieses Programm wird fünf Jahre durchgezogen, und dann gibt's irgendeinen Abschluss, z. B. *Bachelor* oder *Master of Sex, Drugs and Rock'n Roll.*

Bauer sucht Frau

RTL nimmt Inka Bause, gelt ihre Haare zur Seite, zieht ihr ein Dirndl an, stellt sie auf eine Wiese, baut hinter ihr einen Strohballen, einen Stall und eine Plastikkuh auf und lässt sie Texte über die Bauern vorlesen. Dabei darf sie immer nur einen Anfangsbuchstaben benutzen. (Der kernige Kampfkaninchenknecht Kalle, der geile Geraniengärtner Georg usw.)

Dann ist Scheunenfest, und die Bauern werden den willigen Weibchen zugeführt. Immer dabei: eine Großstadtzicke Typ Nagelstudio und eine, die schon drei Kinder von vier Männern hat, mit weitem Ausschnitt und Euterblick. Motto: **Letzte Ausfahrt Bauernhof.**

Zum großen Fremdschämfinale machen alle Bauern unerträglich peinliche Heiratsanträge, wahlweise

- in seinem alten Kinderzimmer mit Fußballbettwäsche

- oder im Stall, wo die Kuh mit herzförmigen Fladen hübsch dekoriert hat
- oder auf der Terrasse im Beisein seiner alten Mutter beim Mettigel essen.

Streiten mit Frauen

Lektion 1, die Einleitung: Frauen starten jeden Streit mit einer Frage: *Findest Du mich eigentlich noch attraktiv?* Wichtig jetzt: Bloß nicht antworten!

Lektion 2, die hämische Phase: Frauen verziehen ihr Gesicht, blicken den Partner eiskalt und hasserfüllt an und sprechen von ihm in der dritten Person: *Ach, er guckt sich die Hausarbeit vom Sofa aus an, der Herr.* Nicht vergessen: Bloß nicht antworten!

Lektion 3, die weinerliche Phase: Das Ende des Unwetters wird eingeleitet mit: *Ich fühle mich auch überhaupt nicht mehr geliebt.* Jetzt sollte der Mann hin und wieder verständnisvoll nicken und Sätze sagen wie: *Mir wird jetzt erst klar, wie schlimm ich bin.* Oder: *Da muss und will ich auch an mir arbeiten.*

Lektion 4: das Finale: Plötzlich will sie Zärtlichkeit, und der Mann muss nur noch so tun, als hätte er **die Frau,** die gerade unerträglich gekeift, geschnieft und gebrüllt hat, immer noch lieb. Schwer, aber wichtig.

Tour de France

Viele Radsportfans reisen für drei Wochen mit dem Wohnwagen nach Frankreich, um einmal die Tour de France zu sehen. Das lohnt sich.

Warten am Straßenrand. Endlich ist es so weit. Der große Moment dauert in etwa 3 Sekunden und läuft wie folgt ab: *Guck mal, da kommter, da isser, da warer.* Das war's. Im Fernsehen sieht man stundenlang Lavendelfelder, alte fanzösische Kirchen und manchmal auch kurz Radfahrer. Der Kommentator sagt jeden Tag zwanzigmal die Begriffe: *Hungerast, Ausreißer, Peloton, Massensprint* und *Col de la Croix de Fer* (sprich: kolldellakruadöfär)*.

Der Schnellste muss ein hässliches gelbes Trikot anziehen und wird jeden Tag von zwei französischen *Mon Chéries* auf die Wange geküsst.

Zieleinfahrt, Champs Élysees. Es gewinnt irgendein abgemagerter Mann mit glasigen Augen. Dann kommt raus, dass er gedopt war. Damit ist der Zweite der Sieger, dann kommt raus, dass der gedopt war, damit ist der Dritte der Sieger. Irgendwann, nach ein paar Wochen, ist der Sechste der Sieger. Riesenskandal! Aber es wird angeblich knallhart durchgegriffen, und die Täter kommen hinter Schloss und Energieriegel.

---

*   Eisenkreuz-Pass. Übergang in 2067 m Höhe, an dem es viele Punkte für's gepunktete** Trikot gibt.

   ** Das gepunktete Trikot bekommt der beste Bergfahrer.

Klassenfahrt

Der Busfahrer trägt Tennissocken in Sandalen und hört laut seine Flippers-CD. Die Coolen sitzen hinten und werfen Essensreste nach vorne.

Im Landschulheim ständig heulende Schüler mit Heimweh. Alle anderen prügeln sich, schleichen sich nachts in die Mädchenzimmer, beschmieren sich gegenseitig mit Zahnpasta.

Die Lehrerin versucht es allen heimzuzahlen, daher gibt es Putzdienste, Nachtwanderungen, verkochte Nudeln, Tee, der nach Spülwasser schmeckt und Volkslieder aus der Mundorgel.

Hinterher fragen die Eltern, wie es war. Die Kinder sagen: *Suuuuper.*
Der Ehemann fragt die Lehrerin, wie es war. Die Lehrerin fängt an zu heulen und lässt sich drei Wochen krank schreiben.

George Clooney

Kurz nach seiner Geburt bekam George Clooney grau meliertes Haar, dann total attraktive Falten um die Augen und dann den Oscar.

Die Karriere als Filmstar: *Ocean's Eleven, Oceans Twelve, Oceans Thirteen, Fourteen, Fifteen* usw.

Alle Männer sagen: *Toll, der Typ von* **From Dusk Till Dawn.**

Und die Frauen sagen: *Toll, der Typ von* **Emergency Room.**

Er ist Schauspieler, Produzent, Autor, Regisseur, *sexiest man alive, sexiest man of the universe, sexiest man of Kaffeewerbung,* hat den *Golden Globe,* den *Oscar,* er hat einfach alles erreicht, und das Einzige, das sich in seinem Leben noch ändern kann, ist, dass seine Haare irgendwann nur noch grau sein werden und nicht mehr meliert.

Sommerabendspaziergang durch den Park

Direkt am Parkeingang sitzen und liegen die Spontan-Improvisations-Griller. Da wird über offenem Feuer auf

einer zum Rost umfunktionierten Harke alles gegrillt, was noch in der Küche war, z. B. altes Gemüse und Leberwurstreste.

Etwas weiter hinten im Park sitzen die organisierten Grill-Streber, die auf dem Kugelgrill mit indirekter Hitze ihr Schweinefilet auf 62 Grad Kerntemperatur erhitzen.

Noch tiefer im Park tänzeln die Slackliner. Die sehen so aus wie verdreckte Elben und laufen auf Seilen von Baum zu Baum.

Noch weiter drinnen kommen die Frisbee-, die Hacky-Sack- und die Rollenspieler. Bloß nicht ansprechen, sonst fragen sie, ob man mitspielen will.

Noch viel weiter drinnen trifft man die Hundebesitzer, die sagen, dass ihr Hund super hört, dass sie nur nicht wissen, wo der gerade ist.

Und ganz tief im finstren Herzen des Parks, wo kein Licht mehr scheint, da weiß keiner genau, was da lebt. Man munkelt: was Wildes, was Süßes und was Ekliges – Trolle, Eichhörnchen und Exhibitionisten.

Echo-Verleihung

Draußen: roter Teppich, kreischende Mädchen, dicke Limousinen, glitzernde Kleidchen, hohe Hacken, dicke Dinger.

Drinnen: Es wird weitergekreischt, außer bei den Volksmusikfuzzis und den Schlagermuttis. Irgendein Hip-Hop-Heini sorgt für den obligatorischen Riesenskandal, und Lady Gaga und Robbie Williams können ihren Preis leider nicht persönlich entgegennehmen. Was für eine Überraschung.

Ausgezeichnet werden also alle, die Zeit hatten zu kommen, und die leiern **alle** die gleiche Dankesrede runter:

Erst *schreien: Ihr seid die besten Fans der Welt. Ohne euch wäre ich nichts.*

Dann *schluchzen: Ich widme diesen Preis meinem/ meiner verstorbenen/kranken/alten Oma/Opa/Groß-tante/Ex-Nachbarin. Meine Familie hat mich immer unterstützt, als ich krank/alt/traurig/auf Drogen/ depressiv/einsam war.*

Dann *lügen: Mein aktuelles Album ist das absolut beste/emotionalste/schönste/wichtigste.*

Dann *schweigen* und *denken: Hoffentlich kaufen die Idioten dieses 08/15-Album. Sonst bin ich pleite und muss wieder bei meiner ätzenden Familie wohnen.*

Rosamunde Pilcher

Mortimer ist ein reicher, adeliger Schotte. Er verliebt sich in Gwyneth. Gwyneth sieht supersüß aus, ist aber superarm.

Aus Liebe zu seinem todkranken Vater, dem Earl von South-West-Mountainthorpe, heiratet Mortimer aber die intrigante, hässliche, dafür aber adlige Mildred von Summersmith Castle.
Dann werden etwa eine Stunde lang Landschaftsbilder aus der Luft gezeigt und die weinende Gwyneth beim Orangen züchten und Kaschmirpullis häkeln und der wütende Mortimer bei der Fuchsjagd und beim Cognac schwenken und beim Butler ärgern.

Dann wird Mortimers Vater wie durch ein Wunder geheilt und gibt plötzlich zu, dass Gwyneth deutlich heißer ist als Mildred. Am Ende reiten Mortimer und Gwyneth ohne verständliche Gründe auf einem Pferd dem Sonnenuntergang entgegen.

Pärchen-Shopping

Er probiert irgendein Hemd an, das passt halbwegs, kaufen, fertig.

Sie probiert Hunderte Klamotten an, sagt ihm, dass ihr ja gar nichts passt und gar nichts steht. Er trottet ihr durch alle Damen-Bekleidungsabteilungen hinterher. Hin und wieder sieht er andere Männer mit gleichem Schicksal, und man nickt sich wissend müde zu.

Am Ende hat sie dann doch unzählige sauteure Klamotten gefunden. Und startet ein völlig abstruses Argumentationsgelaber: *Die Bluse kann ich mir eigentlich nicht leisten, aber ich hab ja neulich die Schuhe nicht gekauft, und die Hose vorhin war ja r e d u z i e r t, darum hab ich da ja was gespart und ich kriege ja bestimmt irgendwann auch eine Steuerrückzahlung und außerdem brauche ich so eine Bluse, ich hab ja gar nichts Seriöses.*
Er denkt sich still: *Doch! Sie hat fast exakt die gleiche Bluse 200 Mal im Schrank.*
Und er sagt: *Ja Schatz.*

Am Ende wurden dem Mann immer drei Dinge geraubt: Zeit, Geld und das Gefühl, in der Beziehung irgendwas zu sagen zu haben.

Django Unchained

Ein Zahnarzt befreit einen Sklaven. Viele Schüsse, viele Tote, viel Blut. Sie arbeiten gemeinsam als Kopfgeldjäger. Schüsse, Tote, Blut. Dann suchen sie die Männer, die die Frau vom Sklaven vergewaltigt haben. Viele Schreie, viele Tränen, viel Blut. Sie treffen einen Plantagenbesitzer, dessen Sklaven sich gegenseitig totprügeln. Knochenbrüche, Schmerzschreie, sehr viel Blut.
Der Film endet mit Schlägereien, Stechereien, Schießereien und – Überraschung! – mit ganz viel Blut. Stilistisch erinnert das Werk stark an den Film *Prinzessin Lillifee und das kleine Einhorn*, denn beide Filme sind Farbfilme.

Obstfest

Die Stadteltern fahren mit den Stadtkindern zu den Landeltern mit ihren Landkindern gerne mal zum Apfelfest. D A gibt es dann Apfelwein, Apfelessig, Apfelmus, Apfelkuchen, Apfelkompott, Apfeltaschen, Apfelsinen und natürlich eine Apfelkönigin mit roten Bäckchen (abgefüllt mit Apfelschnaps). Alles ist mit Äpfeln dekoriert. Stark verschmutzte Obstbauern kommentieren launig: *Apfel fällt nicht weit vom Stamm, haha, Adam und Eva und Apfel haha, an apple a day blabla.*

Alles ist exakt wie ein halbes Jahr zuvor – damals gab's das alles beim Apfel **b l ü t e n** fest.

Denn genau diese Art Festivität funktioniert mit heimischen Obstsorten aller Art: Pflaumenfest und Pflaumenblütenfest, Kirschfest und Kirschblütenfest, Birnenfest und Birnenblütenfest …
Und wenn auf dem Land mal kein feierbares Obst zur Verfügung steht, gibt es ja auch noch Kürbisse und Kartoffeln und Erntedank und Martinsfeste, Adventsfeste, Pfingstfeste, Karnevalsfeste und Schützenfeste.

Saunabesuch

Pure Entspannung für alle Sinne ...

für die Nase... es duftet nach Kiefernöl ...

für's Gefühl auf der Haut ... es wird herrlich warm ...

für die Ohren, es plätschert und zischt ...

und für die Augen ... **ist es blanker Terror!**

Sobald man die Augen öffnet, sieht man Gehänge ohne Ende: Kleine, große, schrumplige, glatte, rötliche, weißliche, haarige, picklige ... Zudem Brüste und Körperstellen, die sonst aus gutem Grund verhüllt sind.

Trotz Ekel muss man irgendwie immer hingucken.

Und wenn der Blick dann an einem besonders schrumpligen Gehänge hängen bleibt, dann nach oben wandert und dort das Gesicht des Chefs erscheint, ja dann ist man nach der Sauna nicht tief entspannt, sondern tief traumatisiert!

Marathon

Tausende Läufer werden zunächst wie Schlachtvieh in eine Gasse in der Innenstadt getrieben, dann Countdown, Startschuss, losrennen. Ganz vorne: viele kleine, dünne Männer aus Kenia, die losrasen wie fliehende Kaninchen. Und garantiert auch genau so viel wiegen.
Nach gut zwei Stunden sind sie im Ziel und sagen dem Moderator ins Mikrofon *I am very happy to be here in XY. XY is a very beautuiful city.*

Die einheimischen Amateurläufer – etwa 40 km dahinter – sehen inzwischen im Gesicht aus wie Mett, bewegen sich wie Enten, und ihre Atmung klingt wie der Dauer-Hustenanfall eines alten Kettenrauchers. Stunden später kommen aber auch sie ins Ziel, und zur Belohnung für monatelanges Training, für disziplinierte Ernährung, für Schweiß und Tränen auf der Strecke …
… bekommen sie am Ende alle: Muskelkater, Blasen und Krämpfe.

Hochzeit

Brautpaar gibt sich Ja-Wort,
Reis werfen, gratulieren, ab
in den Festsaal. Alle haben
Hunger, kriegen aber kein
Essen, sondern viel Sekt und
werden wahlweise müde, ag-
gressiv oder lattenstramm.

Endlich hinsetzen. Vater der Braut hält **s c h n e l l** eine
Rede vor dem Essen. Behauptet, dass er nicht viele Worte
machen will, beginnt aber mit der Geburt seiner Tochter.
Endlich fertig, erleichterter Applaus.

Dann spricht der Vater des Bräutigams.

Dann der neue Mann der Mutter des Bräutigams.

Dann der Freund der Stiefmutter der Braut.

Danach dürfen endlich alle ans kalte Buffet, das **v o r**
den Reden angeblich warm war.

Dann muss das Brautpaar Spielchen spielen, aber keiner
hört was, weil das Mikro einen Wackelkontakt hat.

Dann heult die Braut, weil sich der Freund ihrer Mutter
mit ihrem Vater um den ersten Tanz prügelt.

Dann grummeln die Großeltern, weil die Musik *zu ihrer
Zeit schöner war,* und erst dann geht das Brautpaar ins
Bett und denkt von nun an zurück an den schönsten Tag
im Leben.

Einsatz in vier Wänden

Deutschlands berühmteste Einrichtungswuchtbrumme Tine Wittler geht in ein voll verpektes Haus, in dem RTL vorher schnell noch Ratten ausgesetzt und Gülle ausgekippt hat, damit alles noch ekliger wirkt. Die Hausbewohner müssen dann Sätze sagen wie: *Oh Tine, du bist unsere letzte Hoffnung.* Danach wird Tine mit einem Hammer in der Hand gezeigt, damit alle denken, sie würde wirklich mitarbeiten.

Am Ende wird alles in neuen Farben angemalt, die Ratten getötet, und die tiefe Stimme aus dem Off sagt Sätze wie: *Mit winzigen Kniffen hat Wohnexpertin Tine ein kleines Paradies gezaubert. Aus einer ollen Schabracke ist ein echter Traum geworden.* Das ist natürlich gelogen, denn Tine Wittler ist und bleibt eine olle Schabracke.

Ein Tag
im Leben
eines
Rauchers

Aufwachen, eklig rauchigen Geschmack im Mund haben, erstmal Zähne putzen, Geschmack besser, Kippe an, quarzen.

Dann schön duschen, schönes Parfum auflegen und rein in die Klamotten von gestern, die nach kaltem Rauch stinken. Damit der nicht so stört, nächste Kippe an.

Warten auf den Bus, Zeit überbrücken mit Kippchen.

Arbeitsbeginn, Kollegen begrüßen, erst mal Päuschen, Käffchen, Kippchen.

Mittagessen, Nachtisch und dann, klar, gehört dazu, ein Kippchen.

Wichtiges informelles Mauschelgespräch am Nachmittag, geht am besten im Raucherraum, da natürlich nur mit Kippchen.

Dann ist der Tag um, und es gibt nur noch das Feierabendkippchen, das Kippchen nach dem Abendbrot, die Zigarette danach und das Gute-Nacht-Kippchen.

Es kann tatsächlich sehr angenehm sein, Raucher um sich herum zu haben. Hauptsache, sie atmen nicht aus.

Til-Schweiger-Filme

Til Schweiger spielt in Filmen wie *Keinohrhasen* oder *Zweiohrküken* immer den sympathischen Soft-Macho-Typen, der ganz lieb ist, obwohl auch supercool, der ganz ernst ist, obwohl auch superwitzig, der ganz attraktiv ist, obwohl er die ganze Zeit nuschelt, als wäre er total verschnupft und bekifft.

In jedem Film spielt er einen supertrotteligen Trottel, und ihm passieren superdoofe Missgeschicke, und dabei ist er doch so supercool, lieb, ernst, witzig, attraktiv und verschnupft.

Die Filme heißen niemals **S c h n u l z e ,** sondern immer **F a m i l i e n f i l m .** Das liegt vermutlich nur daran, dass mindestens zehn Schweiger-Familienmitglieder mitspielen, meistens Töchter.

Das Ende jedes Films ist immer original Rosamunde-Pilcher-Sonnenuntergang, Spätsommer, Strand, Kuschelmucke, Küsschen, Abspann.

Freuen wir uns also auf die nächsten Mutantentierfilme, wie *Dreiohreulen, Vierhalsgiraffen, Fünffußflamingos, Sechsschwanzfüchse, Siebeneuterkühe* usw.

Brötchen holen

Man geht ja heutzutage nicht mehr zum Bäcker nebenan, sondern fährt zum berühmten Landbäcker acht Kilometer weiter. Der mit dem uralten Steinofen und mit der
zwei Kilometer langen Schlange vor der Ladentür.

Zu Hause bekam man zuvor einen eher vagen Auftrag,
wie z.B. *Für mich bitte eins mit Körnern und ein süßes.* Dann hat man beim Bäcker zu entscheiden zwischen Mohn, Sesam, Kürbis usw., oft noch potenziert zu
Dreikorn, Fünfkorn oder Achtkorn. Dazu denkt sich jeder Bäcker regionale Namen für seine Produkte aus, wie
der **Kieler Korn-Krustenklumpen** oder der
Müdener Müsli-Mehl-Mischling oder die
Ditzinger-Dinkel-Delle.

Weil alle hinter einem in der Schlange böse gucken, entscheidet man sich schweren Herzens für
die Dinkel-Delle (nur 95 Cent pro Brötchen). Dann
fehlt nur noch das süße Brötchen. Die klingen immer so wie die Kandidatenvorstellung früher beim
Herzblatt: *Darf es der süße Vollmilch-Schoko-Sof-
tie sein oder doch lieber der etwas schmierige
Marzipan-Blätterteig-Zartbitter-Zimt-Streifen?*

Am Ende ist man froh und stolz, es überhaupt geschafft
zu haben und sehr neidisch auf Menschen, die zu Hause selber ihr eigenes Brot backen. Die sogenannten
Eigenbrötler.

Schwedisches Möbelhaus

An Wochenenden gelingt es Frauen regelmäßig, ihren Partner zum *Möbel gucken* zu überreden. Mit dem Untertitel: *Wir müssen ja gar nichts kaufen ... nur mal so kurz gucken.* Der Mann weiß, dass das alles gelogen ist, sowohl *nichts kaufen,* als auch *nur mal so,* als auch *kurz,* als auch *nur gucken.*

Am Eingang riecht der arme Mann die Hot Dogs am Ausgang und weiß, dass ihn bis dahin mehrere schlimme Stunden erwarten. Obergeschoss: Eine halbe Stunde bei den Sofas. *Och, guck mal, viel eleganter als unseres.* Eine halbe Stunde bei den Stühlen *Och, guck mal, die hier für unseren Balkon?* Eine geschlagene Stunde bei den Küchen. *Och, guck mal, die glänzt so schön.* Immer noch nichts gekauft, die Laune der Frau ist tief gesunken und die Angst des Mannes hoch gestiegen ...

Erdgeschoss: Kleinkram. Die Frau nimmt den Einkaufswagen und startet zur Frust-Krempel-Shopping-Attacke. Badezimmerteppich, Besteckbrettchen, eingerahmte Bilder von irgendwelchen Steinen am Strand, Duschvor-

hang mit Herzchen und am Ende eine olle Palme fürs Wohnzimmer. Der Mann seufzt, zahlt und bekommt endlich seinen Hotdog.

Freibadbesuch

Ins Freibad geht es immer der Nase nach. Es riecht nach Pommes, Chlor und Sonnencreme. Drinnen tummeln sich alle auf den wenigen Schattenplätzen unter den Bäumen und wenn die Sonne wandert, wandern alle mit ihren Handtüchern mit.

Im Schwimmerbecken versuchen Senioren stoisch ihre Bahnen zu schwimmen, während sich die Teenies im Nichtschwimmerbecken prügeln.

Außerhalb des Beckens ist das Freibad ein Minenfeld für die Füße. Auf dem Weg ins Wasser muss man immer durch dieses ekelhafte lauwarme Fußbad, in dem Gras schwimmt und Eisverpackungen und ein widerliches benutztes Pflaster. Beim Gang zum Kiosk muss man dann noch barfuß durch herumliegende Pommes mit Majo waten, die auf den heißen Steinen vor sich hin gammeln, und auf dem Weg zurück zum Liegeplatz darf man bloß nicht in das im Gras schmelzende Cornetto Nuss treten, auf dem 50 Wespen sitzen.

Wem das alles zu viel wird, der hat nur eine Alternative: Reich werden, Pool kaufen!

Gehaltsverhandlungen

Man bereitet sich vor, inhaltlich und mental, man weiß genau, was man fordern will, das und nicht weniger. Dann rein ins Büro zum Chef. Jetzt wird Tacheles geredet!

Erstmal spricht aber der Chef.
Blabla ... wirtschaftliche Lage ... brabbel ... und deshalb ... lalala ... mir die Hände gebunden ... dadadumm ... können wir Ihnen nur noch das halbe Gehalt zahlen, dafür dürfen Sie aber länger arbeiten, jetzt auch sonntags, sie müssen keine Mittagspause mehr machen, und in drei Jahren setzen wir uns gerne wieder zusammen.

In diesem Moment denkt man sich: **Nicht mit mir, Chef. Ich geh hier nicht raus, bis ich das Doppelte kriege ... Jetzt bleib' ich knallhart ... Jetzt wird gekämpft bis aufs Blut!!**

Und man sagt: *Alles klar. Vielen Dank für das nette Gespräch.*

Winnetou

Alle guten weißen Männer bei Karl May heißen Old Irgendwas-Hand, also Old Shatterhand, Old Surehand, Old Firehand, Old Secondhand und so weiter.

Nachdem Old Shatterhand ganz viele Feinde mit seiner Shatterhand umgeshattert hat, wird er Blutsbruder von Winnetou. Das ist ein Superindianer, der anhand eines Fußabdrucks erkennt, wie alt der Fußabdruckverursacher ist und wie er mit Vornamen heißt und was er für Hobbys hat. Winnetous Superwaffe heißt, ganz bedrohlich, *Silberbüchse* und sein Superpferd heißt, wie ein lautes Niesen klingt: Iltschi.

Richtige Aufträge haben die Westmänner und Superindianer nicht. Sie reiten drei endlose Bücher lang von A nach B und zurück, töten Grizzlys und verhindern brutale Überfälle von betrunkenen und verlotterten Bösewichten.

Am Ende wird Winnetou erschossen, alle sind traurig, und seitdem reitet sein Geist jedes Jahr durch Bad Segeberg.

Hotelübernachtung

In der Lobby stehen Ledersofas und Empfangspersonal, jeweils ziemlich schmierig. Man bekommt einen zwei Kilo schweren Schlüssel ausgehändigt, der wohl mal golden war, inzwischen aber eher grün-braun-pekig ist. Der Fahrstuhl ist natürlich defekt, aber dafür funktioniert die Schuhputzanlage mit diesen sich drehenden Bürsten, die toll aussieht, die Schuhe aber noch viel dreckiger macht.

Im Zimmer erwarten einen ein antikes Telefon, ein antiker Safe, der so sicher aussieht wie eine Schuhschachtel und ein antikes und trotzdem offensichtlich noch nie gelesenes Neues Testament.

In **j e d e m** Badezimmer steht ein Schild, auf dem in 20 Sprachen steht, dass man Handtücher mehrfach benutzen soll – der Umwelt zuliebe. Leider steht auf den Schildern nie, dass zum Beispiel der antike Föhn im Bad mehr Strom verbraucht als alle Google-Rechenzentren zusammen.

Am nächsten Morgen beim Frühstücksbuffet hat der Schinken eine erstaunliche Ähnlichkeit mit dem alten Röhrenfernseher im Hotelzimmer, denn beide haben einen deutlichen Grünstich. Guten Appetit.

Tatort

Der Tatortkommissar hat kein normales Familienleben, sondern ist Dauersingle, geschieden, verwitwet oder alleinerziehend und trägt immer eine Lederjacke.

Am Anfang knallt es, einer rennt weg, einer ist tot. Kommissar zum Tatort, an der Absperrung Ausweis zeigen, Stirn runzeln, Zeugen befragen.

Die sprechen alle Dialekt, damit man weiß, wo der Tatort herkommt. *Ick hab nüscht jesehn Herr Kommissar,* oder *I hob nix gseng Herr Kommissar. Wiakli net.*

Dann ist der Kommissar etwa eine Stunde auf der falschen Fährte, macht ein paar seiner Rolle entsprechende Gags (wenn er aus Münster kommt, sind die sogar gut), und nebenbei verdächtigt er den eifersüchtigen schwulen Drogendealer.

Am Ende ist alles anders. Urplötzlich durchschaut der Kommissar mit seinem herausragenden Kommissarenhirn alles und begibt sich total eigensinnig, unvernünftig und unrealistisch in Gefahr.

Der Assistent kommt in letzter Sekunde zur Rettung, der Fall ist gelöst, aber irgendetwas Bedrückendes bleibt im Raum stehen, und kurz vor dem Abspann sitzt/steht/liegt der Kommissar mit Assistent/in oder Kollege/in irgendwo rum, hat eine Platzwunde/Pflaster/Verband und sagt/murmelt/ruft einen klugen/ironischen/albernen/nachdenklichen/vieldeutigen Schlusssatz.

Gerichtsshows

Der Staatsanwalt sagt, wer wie wann warum was verbrochen haben soll, und schon kommen Deutschlands mieseste Laienschauspieler, die sonst nicht mal bei GZSZ mitspielen dürfen, zum Zuge.

Der Angeklagte muss **i m m e r** Sätze sagen wie: *Isch wusste genau, dass du misch betrogen hattest mit diesen Flittschn.*

Der Kläger muss **i m m e r** antworten: *Isch kann es nisch gewesen sein, isch war den ganzen Tag mit Jason und Ashley bei Fitness gewesen.*

Dann werden zehn Minuten lang Fäkalausdrücke gebrüllt. Der Richter hört sich das in aller Ruhe an und sagt dann: *Solche Ausdrücke haben hier keinen Platz.*

Am Ende kommt plötzlich ein Zeuge rein, zeigt Beweisfotos, Fäkalausdrücke, Tränen, Geständnis, Fäkalausdrücke, Plädoyers, Fäkalausdrücke, Urteil, Knast, Abführen, noch mal Fäkalausdrücke. Abspann.

Die Fünfte Jahreszeit

Völlig normale Menschen mit normalen Familien, mit normalen Jobs, die mitten unter uns leben, ziehen sich urplötzlich bunte Sachen an, kippen sich einen hinter die Binde, stecken sich eine Tröte in den Mund, hören Marschmusik, bauen Umzugswagen und finden sogar noch einen Deppen, der das alles bezahlt. Der kriegt zum Dank eine bunte Mütze und heißt **Prinz.** Dann malen sich alle das Gesicht an, setzen Hüte auf, laufen in eine große Halle, fangen rhythmisch an zu klatschen, knutschen wildfremde Menschen ab und brüllen alle mit *Alaaf* oder *Helau* an. So geht das bis Aschermittwoch, und dann sind sie plötzlich wieder völlig normale Menschen mit normalen Familien und normalen Jobs.

Und sie leben mitten unter uns!

Sommerloch

Zuerst schreiben die Zeitungen über alles, was weich, süß oder gefährlich ist: Biberbabys, Problembären und tote Eulen. Dann gibt es tierisch wichtige Ratschläge als Aufmacher, wie: *So retten Sie unseren Planeten!* oder *So finden sie heute noch Gold!*

Dann werden viele wichtige Studien erwähnt, meistens in Verbindung mit Urlaub, also z.B.: *Sibirische Wissenschaftler haben herausgefunden, dass Marokkaner, die Sonnenmilch benutzen, seltener Sonnenbrand bekommen als Engländer, die sich nicht eincremen.*

Dann werden auch noch alle völlig Verrückten im Land zitiert. Die haben dann Ufos im Emsland gesehen oder Hobbits im Schwarzwald oder Atomfans im Wendland.

Dann kommen endlich die Politiker aus dem Urlaub zurück und sorgen für richtige Nachrichten, wie Krisen in Europa, steigende Arbeitslosenzahlen und gefälschte Doktorarbeiten.

Und dann sehnt man sich zurück nach dem Sommerloch.

Zirkusbesuch

Am Eingang kauft man altes Popcorn von einem Mann mit roter Uniform und schwarzen Fingernägeln. Dann gibt es ganz viele Trommelwirbel, und die Artisten machen Sachen, die man schon – etwas besser – beim Supertalent gesehen hat.

In den Umbaupausen macht der Clown die Witze, die schon vor 30 Jahren nicht lustig waren: Hupe *hahaha,* Trillerpfeife *hihihi* und Furzkissen *muhahaha.* Während der Clown da ist, guckt das Publikum weg, weil alle Angst haben, dass sie in die Manege müssen.

Dann werden haufenweise arme Tiere reingehetzt. Irgendwann, wenn die Löwen da sind, fängt es tierisch an zu müffeln, das Publikum ist angeekelt ... und die Löwen auch, weil der Dompteur nach Schweiß und Lederjacke stinkt.

Am Ende laufen alle Artisten ewig lange winkend durch die Manege, und man muss eine halbe Stunde rhythmisch klatschen, bis man endlich nach Hause darf.

Pärchenurlaub

Das Pärchen freut sich auf den Urlaub.

Endlich haben wir mal Zeit für uns. Suuuperschön.

Dann haben wir mal Zeit nur für uns, Mäuschen.

Und im Hotelzimmer, Schnuffel, wenn wir unter uns sind, dann hmmm ... Hihihi.

Schnuffel und Mäuschen fahren los. Er sitzt am Steuer. Sie liest die Karte und sagt irgendwann den falschen Satz: *Schnuffel, hier hätten wir eben eigentlich raus gemusst.*

Aber Mäuschen, du guckst doch die ganze Zeit drauf auf die Karte.

Aber wenn du so schnell fährst Schnuffel ...

Spät, müde und verschwitzt kommen Schnuffel und Mäuschen an. Apartment hässlich, Wetter mies, Essen schlecht. Schnuffel will Zärtlichkeit. Mäuschen hat

Kopfschmerzen. Schnuffel schläft ein. Mäuschen wird sauer. Er will im Zimmer Fußball gucken. Sie am Strand sitzen. Er will baden und schwimmen. Sie will sich sonnen und lesen.

Schnuffel und Mäuschen sagen sich, dass sie sich hassen. Rückfahrt, Schweigen, beide beleidigt.

Zu Hause angekommen, fragen die befreundeten Pärchen, wie der Urlaub war. Schnuffel und Mäuschen:

Wir hatten endlich mal Zeit für uns. Suuuperschön!

Drachen steigen lassen

Drachen steigen lassen: ein klassisches Vater-Sohn-Erlebnis. Die Heimwerkerpapas basteln dafür liebevoll einen Drachen mit Holzgestell und Gesicht, die Angeberpapas kaufen ein superteures Hightech-Teil mit zehn Schnüren und Steuerung.

Dann geht's ab aufs Feld. Der Hightechdrachen geht ab wie Schmidts Katze, aber die Schnüre sind nach fünf Minuten unlösbar verknotet. Der selbst gebaute Drachen fliegt erst ewig gar nicht, steigt dann senkrecht hoch und kracht senkrecht wieder runter, Gestell gebrochen, Schnur gerissen. Papa flucht, Kind heult. Also: **klassisches Vater-Sohn-Erlebnis.**

Junggesellenabschied

Vor dem Junggesellenabschied verspricht der zukünftige Ehemann: *Schatz, ich werd auf keinen Fall viel trinken, wir machen uns nur einen netten Männerabend, und ich werd dich ganz doll vermissen.*

Dann kommen die Kumpels, er wird in ein hässliches Bärchenkostüm gesteckt, auf die Reeperbahn gefahren, muss mit allen einen Kurzen trinken, torkelt in den ranzigsten Stripclub, gibt 5000 Euro aus, schläft mit halb Hamburg, übergibt sich auf unzählige Sofas, wacht zwei Tage später mit einigen Schürfwunden und hässlichen Tattoos auf, fährt verkatert nach Haus und sagt seiner Zukünftigen: *Schatz, wir haben nur gemütlich Kaffee getrunken und geklönt, und ich hab dich soooo sehr vermisst.*

Komisch ist nur, dass Schatz auch einen Kater hat ... und Schürfwunden ... und Tattoos ... Merkwürdig.

Popstars

Einige Jurymitglieder dieser Casting-Show sind bereits durch frühere Popstars-Staffeln richtig erfolglos geworden. Neben ihnen sitzt immer Dee. Das ist der grinsende Onkel mit 90 Prozent Redeanteil, der in jedem Werbeblock versucht, sinnlose Fitnessprodukte zu verhökern.

Alle Kandidaten sagen regelmäßig Sätze wie: *Isch hatte bei Popstars gelernt, meine Emotion zu zeigen und misch zu öffnen.* Das heißt nicht, dass man singen kann, kommt im Fernsehen aber gut rüber.

Wenn bis kurz vor Ende der Folge überraschend keiner halbnackt war oder auf irgendjemanden losgegangen ist, muss Dee die Quote retten und sagen: *Du hast mich echt enttäuscht ...* Pause ... Kandidatin fängt an zu heulen ... Kamera drauf ... Nahaufnahme ... schmierige Musik ... *So jemanden wie dich brauchen wir hier nicht.* ... Pause. ... Tränen ... Dee schwenkt um auf weiche Stimme ... *aber du hast da etwas, das wollen wir aus dir rausholen.* ... Pause ... *du zeigst so viel Gefühl* ... Pause ... *DU BIST WEITER!* ... Heulen ... Schnulzige Musik ... Abspann ... und Dee guckt ganz schnell nach, wie viel Fitnessramsch er verkloppt hat.

Jürgen Klopps Leben

Jürgen Klopp erblickte das Licht der Welt unrasiert und im Trainingsanzug. In der Schule fiel er auf als hyperaktives, aggressives Kind. Seine Mitschüler stachelten ihn immer noch dazu an, andere zu verprügeln. Sie riefen immer: *Los Jürgen, klopp!*

Er fluchte viel, hüpfte hibbelig über den Schulhof, zappelte mit den Armen und stellte schließlich fest, dass so ein Verhalten nur an einem Ort nicht auffällt: an der Seitenlinie eines Fußballplatzes.

So wurde er Fußballtrainer. Dafür legte er sich einen Trainerschein und einen Pott-Schnitt zu, wobei man Ersteres nicht zwingend braucht, um erfolgreich zu sein. Erst nach vielen Jahren entschied er: *Mainz ist nicht so meins* und ging nach Dortmund, und inzwischen hat er Meistertitel, Kinder, Werbeverträge, ist glücklich und findet fast nie ein Haar in der Suppe, und wenn doch, war es schlecht transplantiert.

Grillabend

Alle Frauen bringen Salate mit. Die Gastgeberin sagt: *Wäre doch nicht nötig gewesen.* Am Ende gibt es 3 x Kartoffelsalat, 3 x Nudelsalat, aber die Kräuterbutter fehlt.

Alle Männer stehen am Grill, Stichflammen, Brandwunden, plötzlich ist der ganze Berg Fleisch zugleich fertig. Die Gäste werden gezwungen alles hektisch zu essen. Der Gastgeber nervt total: *So, nun ich hab noch zweimal Huhn, dreimal Nacken und fünf Bratwurst.*

Die Vegetarierin zickt rum, weil ihr Maiskolben das Nackensteak berührt hat. Die Gastgeberin keift den Gastgeber an: *Die Katze darf kein verbranntes Fleisch fressen.* Am Ende ist allen übel, die Laune ist im Keller, die Vegetarierin hat Blähungen vom Maiskolben und die Katze vom verbrannten Fleisch.

Germanys next Topmodel

Heidi Klum, **Super**star, **super**schön, **super**sexy und echt **super**lieb wird im **Super**privatjet nach Deutschland eingeflogen.

Viele große **super**dünne Teenies werden von **pro7** so lange geärgert, bis sie sich beißen, kratzen und anbrüllen. Heidi ist aber **super**verständnisvoll, voll der Star, aber echt **super**normal geblieben.

Die Teenies machen Shootings, Posings, Competitions, Life-Walks und Challenges – ganz **alltägliche** Dinge, die jeder regelmäßig erlebt, wie auf Straußen reiten und dabei Tee trinken, oder auf einem Drahtseil in 1000 Meter Höhe einem Spanier den Rücken epilieren. Dazu: Tränchen, Streit, Zickenkrieg, Skandalfotos in der Zeitung.

Heidi Klum sagt dann ganz natürlich und wahnsinnig sympathisch, dass sie leider **k e i n   F o t o*** hat, und dass sie übrigens eine super Mutter ist und ihre Kinder liebt.

Die Siegerin der Staffel darf dann ein Jahr später ins Dschungelcamp.

* Heißt: Die Kandidatin ist ein schlechtes Model, ein schlechter Mensch, lange nicht so hübsch, klug und erfolgreich wie Heidi und jetzt aus der Staffel rausgeflogen.

Italienische Fußballer

Der italienische Fußballer an sich ist Bart-**träger** und manchmal auch Be-**trüger.** Besonders gut kann er drei Dinge: wild gestikulieren, laut diskutieren und leider auch Fußball spielen.

Wenn der Italiener vor dem Schiri entsetzt herumfuchtelt, braucht man keinen Lippenleser oder Dolmetscher. Er sagt nämlich immer Sätze, die auch auf dem Spielplatz am Klettergerüst fallen könnten, wie zum Beispiel: *Oh menno, ich hab aber gar nichts gemacht.* Oder: *Er hat aber angefangen.*

Konstruktiver Vorschlag: Die deutsche Nationalmannschaft trägt ja den Bundesadler auf den Trikots. Für Italien würde sich auch ein Wappenvogel anbieten. Eine sehr große, sehr fette Schwalbe.

Spielplatzbesuch

Die Kinder gehen sofort spielen, während man sich als Mutti oder Papi irgendwo unbequem hinhockt – auf die Treppe vom Klettergerüst oder den Sandkastenrand. Von dort aus muss man sich ständig irgendetwas unglaublich Langweiliges angucken und so tun, als wär's toll: *Mama guck mal, ich dreh mich.*

Ach was! Das ist meistens so auf dem Karussell.

Und dann muss man ständig wieder aufstehen, weil man irgendwen hochheben, drehen oder anschubsen muss.

Links neben einem sitzt immer eine Brüller-Mutti, Typ Fußballtrainerin, die ständig vom Spielplatzrand ihr Kind anranzt. *HIER ZEMENTHA, LASS DEN FINN-LUCA AUCH MAL AUF DIE RUTSCHE JETZT!*

Rechts neben einem sitzt eine sogenannte Selbstfresse-rin, die hat für ihre Kinder Brote, Kekse und Apfelstück-chen dabei, lässt die dann einmal abbeißen und frisst den ganzen Rest selber.

Der Spielplatzbesuch ist erst erfolgreich beendet, wenn das Kind alles befüllt hat: Sand in den Schuhen, Sand in den Haaren, Sand im Mund, Sand auf dem mitgebrachten Essen, Sand in der Unterhose.

Also: Ein Spielplatzbesuch ist imposant, und man hat im Po Sand.

Kurzstreckenflug

Wer bei den Sicherheitshinweisen ernsthaft nach vorne guckt und nicht in die Zeitung, der hat entweder Flugangst oder fragt sich, was die Stewardess drunter trägt. Die betont immer die unwichtigsten Wörter und weist wirklich auf **j e d e n** Scheiß hin.

Wenn Sie N A C H draußen schauen W O L L E N, verwenden Sie bitte I H R E dafür vorgesehenen Augen.

Die Flugbegleiterinnen antworten auf alle noch so dämlichen Fragen mit *sehr gerne,* und ihr Lächeln verrät, dass sie eigentlich meinen: *Was für eine unfassbar dämliche Frage, Sie ätzender Passagier.*

Die größte Herausforderung für Fluggäste ist der Gang zur Toilette. Erst kommt man nicht am Snackbollerwagen vorbei, dann ist die Toilette besetzt, dann ist die Klobrille dreckig, dann pinkelt man im Stehen, und genau dann kommt das Luftloch.

Direkt nach der Landung springen alle auf, quetschen sich in den Gang, suchen ihr Gepäck, strecken einem dabei den Hintern ins Gesicht und verharren dann schlecht gelaunt und schwitzend noch locker zehn Minuten in dieser Position, bis endlich die Flugzeugtüren geöffnet werden.

Boris Beckers Leben

Der Leimener kam in Leimen zu Welt. Die Hebamme nahm ihn bei der Geburt direkt **volley,** und vom ersten Tag an war er ein echtes **Ass,** bekam von allen Seiten nur **Lob,** machte auch keine Ausbildung, er war von Geburt an **Becker,** gewann mit 17 den ersten Wimbledon-Titel und war von da an **der** deutsche Superstar, bis er 1991 zum vierten Mal Wimbledon gewinnen wollte. Da machte ihm jemand einen **Stich** durch die Rechnung. Auf *Australian, French* und *US Open* folgten dann *Besenkammer Open, Babs-, Sabrina-, Heidi-, Sandy-* und *Lilly Open,* und wenn der alte Boris heute täglich bei Twitter seine Meinung schreibt, wünscht man sich die gute alte Zeit zurück, in der er selten etwas anderes von sich gegeben hat, als: *Ääh.*

Pubertät

Von einem Tag
auf den anderen
werden die
eigenen süßen,
fröhlichen Kinder
zu stoffeligen,
mies gelaunten Fremden.

Sie sehen dann aus wie ausgeleiert, weil Hände und Füße irgendwie zu groß für den Körper sind. Aus ihrem Gesicht wachsen Pickel und Bartflaum. Sie hören unerträglich laut irgendwelche Geräusche, die sie Musik nennen. Beim Mitbrüllen wird ihre Stimme brüchig, und sie sind tierisch muffig, sowohl was die Stimmung betrifft, als auch den Geruch.

Familienkommunikation geht nur noch gebrüllt durch die Kinderzimmertür.

Mama: *KOMM RUNTER, ESSEN IST FERTIG.*

Kind: *NEE, HAB KEINEN HUNGER UND WILL IN RUHE KIFFEN.*

Pubertät ist die Zeit, in der die Eltern versuchen sich gegen die Kinder zu verteidigen. Für die Kinder ist Pubertät, wenn die Eltern anfangen anstrengend zu werden.

Olympische Spiele

RIESENSTIMMUNG! Plötzlich sind Sportarten spannend, die man noch nie ernsthaft verfolgt hat! Nervenkitzel beim Synchronschwimmen, beim Ringen, beim Taekwondo!

Die Kommentatoren erzählen von den saustrengen Dopingkontrollen, aber sobald mal jemand überraschend gut oder schnell ist, heißt es nicht *tolle Leistung,* sondern: *Wie konnte denn das passieren?*

Am Ende machen die Deutschen ihrem Ruf alle Ehre und gewinnen ausschließlich Medaillen in den prestigeträchtigen, sanften und filigranen Sportarten, wie **Hammerwerfen, Luftpistolenschießen, Gewichtheben** und **Kugelstoßen.**

Sogar der erste Platz im Medaillenspiegel wäre theoretisch realistisch. Dafür müssten nur noch **Kegeln, Skat** und **rhythmisches Klatschen** olympisch werden.

Die ultimative Chartshow

Olli Geissen wirkt von Beginn an ziemlich freundlich, gut gelaunt und lattenstramm. Jedes Mal gibt es ein ganz spezielles, nagelneues, nie da gewesenes Musikthema, wie z.B. *Die erfolgreichsten Dance-Songs des 30-jährigen Krieges im Remix von One-Hit-Wonder-Kult-Bands aus der südlichen Schweiz.*

Dann werden die Songs gespielt, und auf dem Bildschirm poppen ganz viele Z-Promis auf, begleitet von Geräuschen wie

fdrrrr!, bollling! oder **dfdfdfdf!!!**

Mit 90-prozentiger Sicherheit sind es Axel Schulz, die Katzenberger und Horst Lichter. Die geben sich gewohnt intellektuell und feinsinnig mit Kommentaren wie: *Haha, den Song hab ich als Kind immer gehört.* Oder: *Voll krass, was die damals anhatten.*

Am Ende, als Highlight, tritt irgendeine Band noch mal live in der Sendung auf. Meistens völlig verwitterte alte Männer, die angeblich früher mal Superstars waren. Das Tollste: Bis auf den verstorbenen Sänger, Gitarristen und Schlagzeuger tritt die Band in Originalbesetzung auf.

Ein Tag im Leben eines Vegetariers

Positiv denkende Vegetarier nehmen sich schon morgens vor: *Ich liebe Tiere und werde auch heute keines essen.* Negativ denkende Vegetarier wissen schon morgens: *Ich hasse Pflanzen und werde auch heute möglichst viele vernichten.*

Dann geht's bei allen los mit Müsli zum Frühstück.

Mittags gibt es bei den Vegetarier**innen** etwas selbst zur Arbeit Mitgebrachtes, in Tupperdöschen, ein ganz toller Auflauf mit Ricottagedöns oder Salat mit getrockneten Tomaten und Pinienkernen und Ziegenkäsetarte mit Wildblütenhonig.
Die männlichen Vegetarier fressen in der Kantine die beiden verkochten Sättigungsbeilagen, also verkochte Kartoffeln und verkochten Broccoli.

Abends auf dem Grill gibt es für alle Tofuwürstchen, Tofubouletten, Tofusteaks usw.

Es ist also nicht schwer, Vegetarier zu sein. Gewissenskonflikte bekommen sie nur, wenn sie ab und zu Schmetterlinge im Bauch haben.

Einschulung

Begrüßungsfeier, Mama,
Papa, Omma und Oppa
sind dabei. Die zweite
Klasse führt ein Theater-
stück auf.
Dann werden alle neuen
Schüler von der Lehrerin
mit Namen aufgerufen.
Dabei fängt die eine Hälfte
an zu heulen, die andere
macht sich in die Hose.

Dann gibts endlich die bescheidene Schultüte:
1 Netbook-Table-PC,
1 Smartphone,
1 Digitalkamera,
1 Blue-Ray-Player,
1 Spielekonsole mit Ballerspielen.

Zum Vergleich eine Durchschnitts-Waldorf-Schultüte:
1 Paket Wachsmalstifte,
1 Paket Vollkornkekse
und 1 Blockflöte.

Fernbeziehungs-wochenende

Donnerstagabend, Vorfreude aufs Wochenende, Schatzi anrufen, säuseln: *Noch einmal schlafen. Du kannst dir gar nicht vorstellen, wie ich dich vermisse* (dazu lästige Knutsch-Geräusche in den Hörer sabbern).

Freitagfeierabend, noch größere Vorfreude, schnell SMS schreiben: *Ich freu mich schon riesig, dich endlich wieder in meinen Armen zu haben, Schatz* ❤ ❤ ❤ Endlich bei Schatzi angekommen. Schatzi ist leider erkältet und hat Kopfschmerzen und **S E H R** schlechte Laune. Vorfreude futsch, Freitagabend streiten, den kompletten Samstag über sind beide beleidigt.

Am Sonntag dann endlich wieder vertragen. Ganz fest in Arm nehmen. Und: Das Wochenende ist um.

Verabschieden: *Hoffentlich geht die Woche ganz schnell rum. Ich freu mich schon sooo sehr dich wiederzusehen* (penetrant immer wieder gegenseitig laut schmatzende, feuchte Küsse geben).

Katzenbesitzer

Katzenbesitzer tragen flauschige, weiche Pullover, schnurren, wenn man sie streichelt und reden ständig mit ihrer Katze: *Ja hallo, wer ist denn da?*

Katzen sagen aber nicht *hallo*. Katzen legen einem tote Vögel vor die Haustür, prügeln sich mit den Nachbarskatzen und wollen von ihrem Besitzer Futter. Sonst nichts.

Die Mahlzeiten bekommen die Katzen auf weißem Porzellan drapiert, und, zumindest in der Werbung, ein paar dekorative Blättchen Petersilie dazu. Darüber freut sich die Katze bestimmt ganz besonders.

Als Dankeschön haart sie einem die Wohnung voll, haart auf das Sofa, haart in der Küche und würgt zu guter Letzt noch ein Fellknäuel auf den Duschvorleger.

Trotzdem geht die Katzenliebe oft so weit, dass ihnen der Besitzer noch den größten Katzenwunsch erfüllt: ein eigenes **MAUS-OLEUM.**

Familienurlaub im Auto

Wecker klingelt morgens um vier, Mutter schmiert Stullen, als ginge es für fünf Wochen in die Wüste und nicht für fünf Tage nach Norderney.

Mutter: *Will jemand 'n Brot?*
Alle: *Neeeiiiin.*
Papa packt die Koffer in den Kofferraum, als ginge es ums letzte Level bei Tetris. Kein Zentimeter darf frei bleiben. Endlich Abfahrt.
Mutter: *Will jemand 'n Brot?*
Alle: *Neiiiin!*
Kind 1: *Ich muss mal.*
Autobahnraststätte abfahren, pinkeln, weiter.
Kind 2: *Ich hab Hunger.*
Mutter: *Brote sind im Kofferraum.*
Autobahnraststätte abfahren, Brote auspacken, weiter.
Kind 2: *Ich muss mal.*
Mutter: *Will jemand 'n Brot?*
Vater: *Neiiiin.*
Kind 1: *Kind 2 hat mich angepupst.*
Kind 2: *Stimmt überhaupt nicht.*
Kind 1: *Wann sind wir daaa?*
Mutter: *Ach ich glaube, hier geht's gar nicht nach Norderney, ich hab die Karte falschrum gehalten ... Will jemand 'n Brot?*

Frauenzeitschrift

Die ersten zehn Seiten sind Werbung. Die nächsten zehn Seiten auch.

Dann folgt eine Auflistung aller weiblichen Stars, die Cellulite haben, damit die Leserin sich besser fühlt.

Dann eine Auflistung aller männlichen Stars, die Cellulite sexy finden, damit die Leserin sich besser fühlt.

Dann im Prinzip wieder Werbung, nämlich Berichte über Fitnesstrends, Schrundencremes, Fußpuder und Nagellackfarben, gefolgt von

der Anleitung zur p e r f e k t e n Beziehung, zur p e r f e k t e n Entspannung und zu p e r f e k t e n Augenbrauen.

Am Ende noch eine ganz neue Entgiftungskur mit Algen und Gemüsedrinks, also eigentlich wieder Werbung.

Und so eine Zeitschrift kostet nur schlappe fünf Euro.

Hier der Inhalt einer kompletten Männerzeitschrift:
Brüste und Autos. Fertig.

„Der Bachelor"

RTL sucht sich einen schmierigen Schönling aus, steckt ihn erst ins Solarium, dann in ein weißes Hemd, macht ihm oben zwei Knöpfe auf, malt ihm ein Schleimgrinsen ins Gesicht und denkt sich für ihn männliche Hobbys aus, meistens Holzhacken und schnelle Autos.

Dann sucht die Redaktion viele hohle Früchtchen mit sehr vielen Ersatzteilen am und im Körper zusammen. Mit dabei immer eine Quotenbarbie, eine Quotenfarbige und – ganz schräg – eine Quotenintelligente (Die fliegt aber ganz schnell raus).

Dann müssen sich die hohlen Früchtchen wochenlang gegenseitig anzicken, ausstechen und beleidigen und bei dem Schmierschönling einschleimen, damit sie am Ende von dem Schmierschönling eine mickrige Rose geschenkt bekommen.

Die Siegerin ist am Ende die einzige Kandidatin mit einem Bachelor, und von da an träumt sie von einem *Master*.

Frisch verliebte Pärchen

Frisch verliebte Pärchen nerven vor allem auf drei Arten. Das merkt man am besten, wenn man mit den Pärchen essen geht.

1. Sie fassen sich **ständig** an, und zwar, während man mit ihnen spricht, **so** dass sie unmöglich zuhören können beim Knutschen und Grabbeln. Wenn ihnen irgendwann auffällt, wie peinlich die Situation ist, fangen sie an zu kichern wie betrunkene Siebtklässler.

2. Es gibt kein *ich* mehr, sondern nur noch *wir* und *uns!* Während sie die Speisekarte lesen, fragt sie ihn dann ernsthaft: *Schatz, mögen wir das?*

3. Er, eigentlich cooler Typ, redet mit ihr in einer fremdschamgetränkten Babysprache: *Schatzipurzel, gib mir bitte mal unsere Brille aus unserem Handtäschchen!*

Als Gegenmittel hilft nur Geduld. Botschaft an alle, die mal frisch verliebt waren: Seid froh, dass es vorbei ist! Und für alle frisch Verliebten gilt: GEHT BITTE NICHT IN DIE ÖFFENTLICHKEIT! IHR SEID UNERTRÄGLICH.

Kirchentag

Eröffnungsgottesdienst, Gebet, Gesang: *Danke für diesen guten Morgen.* Alle Christen treffen sich dazu und sind verbunden durch ihren tiefen Glauben an die eine, alles bestimmende, heilige Kraft: Margot Käßmann.

Angereist sind die drei evangelischen Gattungen: Die Sprüche-T-Shirt tragenden Hacker, die Öko-Fuzzis und die Lagerfeuer-Nerds.

Jeden Tag zu singen: *Danke für meine Arbeitsstelle.* Ebenfalls täglich treten merkwürdige Theatergruppen auf. Die sind unheimlich christlich und dabei gleichzeitig extrem cool und modern. Sie heißen *die heiligen Drei-Königs-Checker, die derben Bibel-Igel* und *Joseph, Maria und die Weihrauchsmoker.*

Beim Abschlussgottesdienst noch mal singen: *Laudato Si.* Wenn es dann am Ende den Segen gibt, fragen sich alle: Christen … oder kristn nicht.

Flohmarktbesuch

Echte Schnäppchenjäger stehen extra früh auf und sind schon beim Standaufbau auf dem Flohmarkt. Da konsumieren sie erst einmal eine Gulaschsuppe aus der Plastikschale, mit der sie sich die Finger bekleckern, die Zunge verbrennen und den Magen verderben.

Frisch geschwächt geht es dann ran an die Tapeziertische. Kinder verkaufen abgenibbelte Spielesammlungen, Eso-Tanten verkaufen Ketten mit selbst rundgelutschten Holzperlen, dubiose Cowboystiefelträger verkaufen eklige Asia-Schlüpfer in Bonbonfarben im Grabbelkarton, grün angelaufenes, pekiges Tafelsilber, Geweihe von überfahrenen Hirschen, vollgesabberte Strampler und Bärenfelle, die schon **v o r** Kaminen und **u n t e r** verliebten Pärchen lagen.

Auch fanatische Schnäppchenjäger lernen irgendwann, dass die echte Rolex, der echte Rubinring und der echte Van Gogh für je 3,50 Euro nicht so echt sein können, wie der Verkäufer es behauptet. Das gilt auch für die Louis-Vuitton-Handtasche für zwei Euro und das in Alu-Folie originalverpackte iPad.

Küstenschickeria

Sobald sich die Sonne zeigt, zeigt sich auch die Küsten-Schickeria auf den Außenterrassen der gehobenen, weiß gestrichenen Fischlokale von Timmendorfer Strand und Sylt. Da ernährt sie sich von Weinschorle und gegrillter Dorade für 30 Euro pro 100 Gramm Tiefkühlfisch.

Die Spezies ist erkennbar an solariumverbrannter und auch sonst meist verwitterter Haut. Die Männchen tragen immer hellblaue Hemden mit weißem Kragen und Prollaufdruck und die Weibchen goldene Uhren, goldene Sonnenbrillen, pinke Poloshirts, weiße Röcke, und sie kneifen die Lippen zu einem Strich zusammen, um ihrem Umfeld zu signalisieren: *Wir sind verbittert und reich.*

Eigentlich soll man vor erfolgreichen, älteren Menschen ja Ehrfurcht haben, aber bei dem Anblick hat man eher Furcht als Ehrfurcht.

Friseurbesuch

Frauen freuen sich ja angeblich auf den Friseur und eine neue Coloration oder eine Anti-Spliss-Beratung.

Männer denken bei Tönung an Autoscheiben und bei Koteletten an Fleisch und finden schon die allererste Friseurfrage sinnlos: *Na, wie wollen wirs denn haben?* Was für eine Frage! Die Haare sind ja zu lang, also wollen wir es **k u r z** haben.

Alles, was dann folgt, ist unangenehm: Speckiger Plastikumhang, Klopapier um den Hals, dann wird man beraten, dann wäscht einem ein lustloser Azubi die Haare. Dabei kriegt man die Kopfhaut erst verbrüht, dann schockgefroren und einem wird mechanisch stinkendes Shampoo einmassiert.

Dann wird geschnippelt, es fallen Härchen ins Hemd, und es juckt. Dazu nervtötende Gespräche über das Wetter und Urlaub, aber man kann ja nicht abhauen.

Wenn man all das überlebt hat, erfährt man am Ende, was an der Prozedur jeweils extra kostet: Haarewaschen und Kopfmassage und Beratung und Gel.

Hätte Mann irgendeinen Einfluss auf die eigenen Haare, man würde alles tun, um sie langsamer wachsen zu lassen. Und Haarausfall wird auch unterschätzt!

Dschungelcamp

Jedes Jahr im Januar gibt es im australischen Busch eine Runde Känguruhoden für Exfrauen, Exknackis, Exheteros und die, die Peter Zwegat aufgegeben hat.

RTL prüft vorab, welche zehn Z-Promis gerade pleite sind. Versprochen wird Geld und Ruhm, und ab geht es in den Dschungel. RTL füllt damit das Programm von Exklusiv, Explosiv, Punkt 12 Punkt 9, Punkt 6 usw.

Die Z-Promis müssen sich den Hintern mit Blättern abwischen, dürfen fast nicht rauchen, dürfen sich fast nicht schminken, kriegen fast nichts zu essen, fangen an zu riechen, fangen an rumzuzicken und fangen an zu heulen.

Das Ärgerliche ist nur, dass am Ende der Staffel immer alle wieder nach Deutschland zurückkommen.

Outdoorurlaub

Der Outdoorurlauber kauft im Outdoorgeschäft von überengagierten Outdoorverkäufern völlig überteuerten Outdoorramsch: Energieriegel, die zwei Gramm wiegen und den Vitamin-, Eiweiß- und Kohlehydratbedarf eines Elefanten für acht Jahre abdecken und Jacken, die achtzigfach imprägniert und windsicher sind und auch bei minus 300 Grad in Nordschweden einen Tsunami oder Vulkanausbruch aushalten.

Im Urlaub vergisst man aber die Jacke im richtigen Moment anzuziehen, wird leider nass, friert, verstaucht sich die Knöchel, erkältet sich, wird von Mücken zerstochen und hat doch nicht genug zu essen.

Nach dem Urlaub ist man nicht erholt, nicht gesund, nicht glücklich, aber hat für den Urlaub mehr bezahlt als für ein Einfamilienhaus mit Garten.

Restaurantbesuch mit Partnerin

Der Mann guckt in die Speisekarte, sieht Schnitzel, Pommes, Bier und weiß Bescheid.

20 Minuten später, nach ganz viel *Ich weiß nicht ... hmm ... hat so viele Kalorien ...* entscheidet sich die Frau für den Zander mit Dillsößchen.

Sobald das Essen da ist, stellt die Frau die Frage, die alle Männer hassen, auch wenn sie es nicht zugeben: *Kann ich mal bei dir probieren?* Das Schlimme daran: **Während** die Frau die Frage stellt, probiert sie schon längst, und zwar ein Riesenstück Schnitzel, was sie ja **nie** haben wollte.

Weil der Zander natürlich unfassbar langweilig schmeckt, bestellt sie dann aus Wut noch Panna Cotta zum Nachtisch, und am Ende hat sie unerträgliche Laune, weil die Rechnung hoch ist und sie mehr Kalorien zu sich genommen hat, als der Mann mit dem Rahmschnitzel.

Und die Moral: Zander kann Beziehungen zerstören.

Der Hobbit

Ein Hobbit, der fast aussieht wie Pumuckl, und ein Zauberer, der fast aussieht wie Dumbledore, gehen mit sehr vielen Zwergen, die fast alle aussehen wie Asterix, zu einem Berg.

Da treffen sie fiese Trolle, die fast aussehen wie Peter Altmaier, dazu fiese Orks, die fast aussehen wie Peter Maffay und auch viele Elben, die fast aussehen wie die Kelly Family, nur sauberer.

Das Ganze geht über drei Filme, die dauern alle je drei Stunden. Der Hobbit wird immerzu fast getötet und überlebt gerade so eben mit vielen Schrammen – also fast wie bei Schlag den Raab – und im dritten Film töten sie dann den Drachen.

Übrigens: Jahre später muss ein anderer Hobbit gemeinsam mit vielen extrem schrägen Typen einen kleinen Ring in ein Loch schmeißen und braucht dafür noch einmal drei lange Filme.

Berlusconis Leben

1936 kam der kleine Silvio zur Welt. Sobald er sprechen konnte, freundete er sich mit der Mafia an. Sobald er stehen konnte, feierte er die erste Bunga-Bunga-Party. Sobald er schreiben konnte, fälschte er die erste Bilanz und bestach den ersten Richter und sobald er sein erstes Taschengeld bekam – von der Mafia – kaufte er den ersten Fußballverein, die erste Baufirma und den ersten Fernsehsender. Und bevor er seinem eigenen Sender sein erstes Interview gab, mit 14 Jahren, ließ er sich erstmals liften.

Es folgten Verstrickungen in immer mindestens zehn Gerichtsverfahren parallel, die wahlweise mit Freispruch aus Mangel an Beweisen oder Freispruch wegen Verjährung endeten. Und für die seltenen Verurteilungen hat Silvio früher als Regierungschef genug Gesetze erfunden, damit seine Strafen in etwa so hart sind wie Luxusurlaube.

Was es in Italien nie geben wird, ist ein Freispruch, weil Berlusconi wirklich im Recht ist. Aber wählen kann man ihn ja immer. Er ist ja **s o n s t** wirklich sehr nett.

Ostersonntag

Ostersonntag morgens halb sechs in Deutschland. Die Kinder stehen quengelnd und nölend vor dem Bett der Eltern, weil sie aufgeregt sind.

Also schnell raus gehen, Eier suchen, Kinder prügeln sich und heulen, Riesenstreit um die Eier, die sowieso alle durchnässt sind und verdächtig nach Katzenpipi riechen.

Dann ein schöner Familien-Osterspaziergang. Die kleinen Lämmchen stehen auf der Weide und sind einfach süß, und kurz danach liegen die Lämmchen beim Mittagsessen auf dem Teller und sind wieder einfach süß, weil es eine schöne Orangensoße dazu gibt.

Am Abend geht es in die Dorfräucherei, also zum Osterfeuer, und dann schläft die Familie zum Ostersegen des Papstes in 5000 verschiedenen Sprachen selig ein.

Halloween

Überall finden Partys statt. Keiner kann dabei richtig atmen, weil alle diese bescheuerten weißen Scream-Masken aufhaben und deshalb den ganzen Abend im Gesicht schwitzen und Plastik schnüffeln.

Es gibt sauteure Snacks, die eigentlich jeden Appetit verderben: Garnelen mit Kirschen, die aussehen wie Augäpfel, roten Wackelpudding, der aussieht wie Blut und Würstchen, die aussehen wie Finger (vielleicht manchmal auch Finger, die aussehen wie Würstchen. Man weiß ja nie.)

Permanent klingelt es an der Tür, und man kann gar nicht genug Süßigkeiten im Haus haben um die Nervensägen abzufüllen. Früher hieß es noch: *Süßes oder Saures* oder *Gabe oder Streich.* Heute heißt es: *Diggah, gib mir viel Süßes, sonst zünde ich dein Auto an und dein Haus und deinen Vorgarten!*

Videothek

Schon auf dem Parkplatz sieht man sie: die anderen Videothek-Besucher, die die Nacht **vor** der Glotze verbringen wollen, **in** ihren fleckigen Trainingshosen und **mit** den buttrig-fettigen Haaren.

Drinnen stehen dann an den Horror-Regalen Menschen, die aussehen wie das Casting der Fime, die sie ausleihen: Jederzeit bereit zu töten und Blut zu saugen.

Bei den Schweiger- und Schweighöfer-Filmen stehen die frisch verliebten Pärchen. Die wollen sowieso nicht wirklich fernsehen, brauchen aber einen seichten 0815-Film als Alibi.

Daneben stehen die Krankgeschriebenen. Die leihen sich insgesamt 20 Filme und röcheln und keuchen dabei hemmungslos in die sowieso schon modrig-verpupste Seuchen-Luft.

Der Typ an der Kasse ist immer tätowiert, gepierct und hat blutrot gesprenkelte Augen, weil er alle Filme aus dem Laden gesehen hat und noch nie das Tageslicht. Bei ihm gibt man seinen geheimen Leih-Code ein: 1-2-3-4.

Wer so viele beängstigende Freaks in so kurzer Zeit ertragen hat, traut sich dann meistens auch noch in den zweiten widerlichen Tempel des Ekels gleich nebenan, zu McDonalds.

Tag eines Rentners

Der Rentner wird morgens um fünf Uhr wach, also eine Stunde **bevor** der Wecker klingelt.

Dann schnell anziehen: beige Hose, weißes Unterhemd, hellgraues Oberhemd, dunkelgraue Sandalen und hellgelb-beige-grau-bräunliche Socken.

Nach dem Frühstück setzt er sich an den Computer und gibt in das Google-Suchfenster ein: www Punkt google Punkt de. Das klickt er an und gibt in das Suchfenster ein: www Punkt Wetter Punkt com. Wenn er viel Glück hat, sind die Wetteraussichten sehr schlecht, und er hat direkt einen Grund zum Rumgrummeln.

Mittagessen Punkt halb zwölf, dann schnell Mittagsschlaf, um im Fernsehen bloß nicht das Mittagsmagazin zu verpassen, mit heißen Tipps für Blumengestecke, Rheumaprävention und Hecke schneiden.

Danach Telefonate mit Bekannten über die Themen: *Wetter ist auch nicht mehr wie's mal war, das unfreundliche Personal beim letzten Krankenhausaufenthalt* und *die von den Nachbarn viel zu schief geschnittene Hecke.*

Punkt 17 Uhr Abendbrot, und nach der Tagesschau geht's schnell ins Bett, denn morgen um sechs klingelt ja leider wieder der Wecker, und da will man ja gerne eine Stunde vorher wach sein. Dann ist der Tag nicht so stressig.

Das Supertalent

RTL nennt die Sendung Super-**T a l e n t** und meint damit alle, die die Nationalhymne rülpsen können oder drei gekochte Straußeneier in einer Minute essen oder ihre Brustwarzen zusammenknoten (auch Männer).

Die Sendung wird bis in die Vorweihnachtszeit hinein ausgestrahlt, also **m u s s** alles total rührend sein. Mitmachen darf, wer mindestens die Eltern oder die Beine verloren hat, oder am besten beides.

Die talent**f r e i e s t e n** Anwesenden sitzen natürlich in der Jury, allen voran der Mann, dessen Wohnort gleichsam wie eine Aufforderung und Bitte klingt: Töten Sen!

Kaffeebestellung

Der Kaffeegeschäftbesucher sagt: *Ich hätte gerne eine Tasse Kaffee.*

Dann startet das Interview des Grauens:

Tall, Large oder Venti? Das heißt klein, mittel oder groß.

Mit Soja? Halbfett oder vollfett? Als Macchiato? Soll da Crushed Ice rein? Darf ein bisschen Light-Cinnamon-Flavour oben drauf? Oder Caramel-Creme-Deluxe? Kostet auch nur vier Euro extra ...

Wer sich tatsächlich entschieden hat, für seinen Kaffee fünf Euro auszugeben, beziehungsweise zehn Mark, muss dann nur noch eine kleine Zusatzfrage beantworten:

Darf's dazu für dich noch ein Cesar-Flat-Bread American-Style sein oder ein Curry-Chicken-Hot-Grilled-Rice-Wrap oder ein Flat-Banana-Spicy-White-Chocolate-Chip-Bread?

Wer an dieser Stelle verzweifelt verneint hat, muss sich nur noch die Zusammenfassung der Bestellung anhören:

Also das ist einmal der Coconut-Chocolate-Flavoured-Lime-Java-Cream-Shaken-Chai-Passionfruit-Frappuccino.

Das war es dann endlich ... natürlich nicht.

Mit Milchschaum oder mit Sahne? Zahlst du bar oder mit Karte? To go oder to drink hier?

Eiskunstlauf

Auf dem Eis zappeln entweder Frauen mit fleischfarbenen Schlittschuhen oder Männer mit bauchfreien Glitzerhemden. Egal aus welchem Land sie kommen, die Nachnamen klingen **immer** russisch.

Sie springen vorwärts, rückwärts und seitwärts und das heißt Rittberger, zweifacher Toeloop, dreifacher Axel, vierfacher Florian und fünffacher Kevin. Am Rand stehen die Trainerinnen, die aussehen, als würden sie hauptberuflich Drachen töten und Stahlrohre biegen und deren Pferdeschwanz so fest gebunden ist, dass alle Falten glatt gezogen sind und der Mund nur noch ein Strich ist.

Am Ende sitzen die Eiskunstläufer mit Blumenstrauß auf dem Schoß auf einer Bank und hören ihre Noten und hecheln und lächeln in die Kamera und lächeln und lächeln und gehen hinter die Bühne und lassen sich von der Trainerin ZUSAMMENSCHREIEN.

Autofahrt mit Navi

Losfahren in die fremde Stadt. Kein Problem mit dem Navi mit der freundlichen Stimme. Die meldet sich lange gar nicht ...

... und dann schallt es urplötzlich, viel zu laut, wie aus dem Nichts, so dass man vor Schreck fast durchs Schiebedach fliegt:

DEMNÄCHST DIE AUTOBAHN VERLASSEN!

Irgendwann findet man die Stimme gar nicht mehr so tierisch nett.

BITTE BEACHTEN SIE DIE GESCHWINDIGKEITSBEGRENZUNG!
BITTE BEACHTEN SIE DIE GESCHWINDIGKEITSBEGRENZUNG!

Man beginnt die Frau im Navi zu hassen und anzuschreien. Dann führt einen die verhasste Stimme in die Stadt, und zwar in etwa so geschickt, wie die Ehefrau mit Landkarte auf dem Schoß:

DEMNÄCHST HALB LINKS ABBIEGEN ...

DANN IM KREISVERKEHR DIE 6. AUSFAHRT NEHMEN ...

IN 300 ME... JETZT RECHTS ABBIEGEN.

Und schon ist man falsch gefahren, und das Navi rechnet neu.

Jeder, der so eine Fahrt überstanden hat, wünscht sich sehnlichst eine große sperrige Papier-Faltkarte, die man mühsam beim Fahren überm Lenkrad ausbreitet. Hauptsache nichts, das mit einem spricht!

Bratwurst
beim Weihnachtsmarkt

Weihnachtsmärkte unterscheiden sich vor allem durch
ihre Bratwurst:

- Beim finnischen Weihnachtsmarkt ist die
  Bratwurst aus Rentier.
- Beim Künstlerweihnachtsmarkt aus Dinkel und
  Grünkern.
- Beim Dorfweihnachtsmarkt aus dem Pony aus
  dem Nachbargarten.
- Beim bayrischen Weihnachtsmarkt ist sie weiß
  und gekocht.
- Beim St. Pauli Weihnachtsmarkt vibriert die
  Bratwurst.
- Beim Mittelalter-Weihnachtsmarkt ist sie am
  Stock gegrillter Iltis.
- Und beim Sylter Weihnachtsmarkt ist die
  Bratwurst Hummer.

Guten Appetit.

Präsidentschafts-wahlkampf in den USA

Zwei erwachsene Männer benehmen sich exakt wie kleine zerstrittene Jungs in der Sandkiste. Sie sagen allen, warum der andere ein Lügner ist, gründen eine Bande, bewerfen einander mit Dreck und behaupten dann: *Der hat aber angefangen.*

Erstaunlicherweise finden das viele ganz toll und klatschen und wedeln mit Fähnchen und Luftballons, jubeln, spenden Millionen von Dollar und kriegen Tränen in die Augen, wenn die Nationalhymne läuft.

Am Ende gewinnt der Kandidat die Wahl, der im TV-Duell eine entspanntere Handhaltung hat und lässiger lächelt. Und der, dem im Vergleich weniger Intrigen und Affären angehängt werden konnten, also einer, der nur *teilzeitkorrupt* ist.

Der verspricht dann, dass er nach der Wahl kämpfen wird für alle Armen und für die Reichen und für die Einwanderer und für die Auswanderer und die Alten und ganz besonders auch die Jungen und Vegetarier und Fleischesser und Christen, Atheisten, Salafisten, Pazifisten, Waffenlobbyisten …

Und für dieses Spiel haben sich die Amis einen lustigen Namen ausgewählt: Demokratie.

Laternenumzug

Vor dem Umzug wird die Laterne gebastelt. Die Kinder haben nach fünf Minuten keine Lust mehr, die Mütter übernehmen und basteln in stundenlanger Kleinstarbeit eine Mega-Laternenkonstruktion, um beim Umzug damit anzugeben.

Kurzfristig wird dann aber doch eine Elektrolaterne gekauft, *weil echte Kerzen viel zu gefährlich sind.*

Umzug geht los. Es werden Lieder mit so feinsinnig poetischen Texten gesungen, wie Rabimmelrabammelrabumm. Nach zehn Minuten heult ein Kind, eins hat in die Hose gemacht und eins hatte doch eine Kerze, und die Laterne fackelt ab.

Warum heißt es überhaupt **Laterne gehen?** Die Laterne geht ja leider nicht, sondern nur das Kind. Aber es heißt ja auch Eierlaufen und Wattwandern und Turmspringen und Sackhüpfen.

Handwerkersprache für Anfänger

Lektion 1:

Handwerker-Aussage: *Mir ist der Schraubenzieher auf's Parkett gefallen. Den kleinen Kratzer krieg ich mit ein büschn Lasur wieder weg.*

Übersetzung: *Mir ist meine riesige Werkzeugkiste von der Leiter so auf den Boden gekracht, dass Sie jetzt ein quadratmetergroßes, irreparables Loch im Parkett haben.*

Lektion 2:

Handwerker-Aussage: *Da fehlt mir natürlich jetzt das richtige Ersatzteil, und ich muss mit der Zentrale klären, wie das mit der Garantie ist.*

Übersetzung: *Ich will einfach nur eine rauchen und meine Stulle essen.*

Lektion 3:

Handwerker-Aussage: *Sie haben hier irgendwie eine feuchte Stelle in der Wand, die muss erst noch austrocknen.*

Übersetzung: *Wir haben da besoffen Bier an die Wand gekippt und machen jetzt Feierabend.*

Lektion 4:

Handwerker-Aussage: *Das ist gar kein Problem. Ham wir bis morgen fertig.*

Übersetzung: *Wir brauchen noch fünf Wochen, es wird das Dreifache kosten, und Sie nehmen sich bis dahin bitte ein Hotelzimmer.*

Robin Hood

Robin Hood wird von der englischen Regierung schlecht behandelt, vor allem durch die für ihn unvorteilhafte Immobilien- und Familienpolitik. Konkret: Sein Haus wird abgefackelt und die Verwandten ausgelöscht. Darum wird er Kommunist und nimmt den Reichen das Geld weg, um es den Armen zu geben. Dafür schart er sein eigenes Team von Chaoten um sich, also im Prinzip exakt wie Oskar Lafontaine, nur dass der nicht im Wald wohnt und keine Strumpfhosen trägt (möglicherweise trägt er sie drunter).

Im Sherwood Forest fühlen sich alle pudelwohl. Es regnet nie, das Essen ist hervorragend, es gibt tolle Freizeitangebote (Wandern, Klettern, Bogenschießen), und obwohl Robin Hood im Wald nie richtig duschen kann, fahren alle Frauen auf ihn ab.

Leider hat Robin am Ende den **Bogen** etwas überspannt mit seinem Vergnügungsviertel im Wald, aber bevor es irgendwie unangenehm für ihn wird, kommt König Richard aus dem Urlaub zurück, der ihm alles erlaubt. Robin heiratet nach einer endlosen, schnulzigen Flirterei Lady Marian, und wenn er nicht gestorben ist, dann muss er heute verdammt alt sein.

Rach, der Restauranttester

Jedes Mal schlägt Christian Rach in einem fliederfarbenen Hemd in einem potthässlichen Restaurant auf, immer einen Tag früher als geplant ... huiiii, große Überraschung.

Er guckt immer ungefähr so freundlich, als hätte er schlimm Magen-Darm und Rückenschmerzen und die ganze Nacht nicht geschlafen.

Dann fragt er: *Wo brennt's denn?* (Eigentlich weiß er von seiner Redaktion längst, dass der Laden beschissen läuft, die Einrichtung vergammelt ist, das Essen aus dem Gefrierfach kommt und der Aushilfskellner sich nach dem Pinkeln die Hände nicht wäscht.)

Dann werden die Restaurantbesitzer provoziert, bis sie heulen oder brüllen. Dann geht Rach ganz nah an die Kamera und sagt: *Die Stimmung droht hier zu kippen.*

Dann wird die Speisekarte geändert, weil das im Fernsehen gut rüberkommt. Aus dem *La Baguette* mit französischer Küche wird ratzfatz ein norddeutsches Matjesrestaurant gemacht. Die Betreiber sind total begeistert, und zwei Wochen später ist der Laden trotzdem pleite.

Skispringen

Viele abgemagerte kleine Männchen werden auf einen Berg gefahren und setzen sich ganz oben auf einen Balken. Unten steht ein Trainer mit einem Fähnchen. Wenn er das Fähnchen schwenkt, rutscht das Männchen vom Balken, hüpft von der Schanze runter, und am Ende hat ein Männchen gewonnen.

Am spannendsten am Wettbewerb sind die Nachnamen. Es sind entweder Finnen mit ganz vielen Umlauten im Namen wie **Hökkimükki-Höökimäkki** oder Japaner, deren Namen klingen wie eine Kampfsportart **Fuku-Jokkko-Kazzu-Shimoto** oder Österreicher, die heißen wie Schluchtenscheißer *Seppel Oberseifelschnitzl* – oder ähnlich.

Manchmal gewinnt sogar ein deutscher Springer. Und wenn der deutsche Springer am Ende vom Reporter auf Deutsch etwas gefragt wird, versteht man von der deutschen Antwort … nichts! Es klingt meistens in etwa wie *Ho mei richtig hommo au do Schonzentisch aber do hei hoa Flugphase Vau prima Telemark.*

Après-Ski

Alle sogenannten Stars, die im Sommer in Badehose auf Malle ihre Mitklatsch-Schlager grölen, grölen die auch im Winter beim **Après-Ski.**

(Bedeutung Après-Ski: Leicht überreife Bankkauffrauen tanzen erst in zu eng gewordenen Skianzügen und dann in zu wenig Unterwäsche.)

Für einen guten Après Ski-**Hit** braucht man immer etwas **Jodlhadihöö,** dazu eine Prise **Antonantonanton** und unbedingt am Ende ordentlich **Schalalalala.**
Der Text muss so schlicht sein, dass man ihn mit einem Minimum an Gehirnzellen und einem Maximum an Promille noch locker mitgrölen kann, z.B. **Höllehöllehölle.**
Außerdem **müssen** im Text Körperteile vorkommen. Man fasst der *Heidi von hinten an die Schultern, reckt die Hände zum Himmel* und *irgendwie kommt auch der Finger in den Po.*

Wer das alles beherrscht, hat einen tollen Skiurlaub und muss eins ganz bestimmt nicht mehr machen: Ski fahren.

Schwiegertochter gesucht

Warum hat die Sendung *Schwiegertochter gesucht* Topquoten? Weil alle sagen können: *Guck mal, die sind noch dreckiger und bekloppter als wie ich.* Eigentlich ist ja alles wie bei *Bauer sucht Frau,* nur dass die Trottel hier keinen Bauernhof haben, sondern eine grantige Mutter, bei der sie mit 40 immer noch im Kinderzimmer wohnen. Und bei *Bauer sucht Frau* ist die Moderatorin blond, attraktiv und wirkt sympathisch. *Bei Schwiegertochter gesucht* ist es Vera.

RTL zeigt das erste peinliche Treffen der bislang Unvermittelbaren am Bahnhof, das peinliche Picknick, das peinliche Kuscheln im Bett und so weiter. Die Zuschauer vor dem Fernseher denken immer wieder: *Ich kann's nicht mit ansehen, das halt ich nicht aus.* Und trotzdem gucken alle weiter.

Am Ende entscheiden sich die meisten Kandidaten dann doch nicht für die flinke Fleischerin Franziska und auch nicht für die rüstige Rummelplatzansagerin Ramona, sondern für die grauhaarige Alte mit der lauten Stimme: Mama.

Erkältung

Wenn große, starke, tapfere Männer ein **b i s s c h e n** Husten und Schnupfen kriegen, dann **l e i d e n** sie, als würde die Welt untergehen.

A b e r Frauen sind noch schlimmer!

Sie sprechen nur noch durch die Nase und wollen immer gefragt werden, wie es ihnen geht, und **w e n n** man fragt, dann sagen sie durch die Nase: *Oh, frag doch nicht so blöd.*

Im Ehebett liegen benutzte Taschentücher, Hustensaft, Nasenspray **m i t u n d** ohne Konservierungsstoffe und diese blöden Körnerkissen.

Wenn die Frau sagt: *Mach mir mal bitte einen schönen Tee!,* dann findet der Mann in der Tee-Schublade **s e i n e** Ecke. Da steht der *Pfefferminztee.* Und die Ecke der Frau. Da steht: *Wohlfühlmischung, Oh-Happy-Day-Tee, Vanilla-Oasentee, Ausgeglichenheits-und-Ruhe-Mischung, Assam-Hazelnut-Mint-Tea, Ostfriesenbrise, Kräutertraum, Kräutergarten, Alpenwind, Schietwetter, Wolke Sieben usw.*

Insgesamt ist es für Männer wesentlich schöner selber krank zu sein!

Winter in den Bergen

Herrlich. Sobald es schneit, fährt die Flachlandfamilie schnell in die Berge um endlich den herrlichen Winter zu genießen, ab ins weiße Winterwonderland, dick einpacken, Schneemann bauen, rodeln.

Los geht's! Papa, Mama, Hund und die drei Kinder ins Auto, ab zum nächsten Berg, Parkplatz voll, Parkplatz voll, Parkplatz voll, also muss die Familie erstmal eine Stunde an der Bundesstraße entlanglaufen bis zum verschneiten Rodelberg ... gemeinsam mit 10.000 anderen Winterfans, aber dann wird endlich der herrliche Winter genossen.

Zwei Stunden später die sagenhafte Bilanz: Ein Kind blutet, eins hat ein blaues Auge und eins hat in die Skihose gemacht. Alle drei Kinder heulen, der Schlitten ist zerbrochen, die Klamotten sind durchnässt, die Eltern sind zerstritten, das Auto ist eingeschneit und der Hund ist weg. Herrlich.

Biathlon

Beim Massenstart prügeln sich zunächst alle Teilnehmer um die Plätze auf der Loipe. Dann passiert erstmal eine Viertelstunde gar nichts, das heißt: Alle Teilnehmer fahren durch den Wald.

In der Fernsehberichterstattung erklärt irgendeine Ex-Biathletin, warum welche Steigung total schwer ist, natürlich immer auf Bayerisch oder auf Sächsisch.

Irgendwann kommen endlich alle am Schießstand an, und die Zuschauer vor Ort kommentieren jeden Schuss mit hirschähnlichen Brunftrufen.

Am Ende kommt irgendwer mit festgefrorenem Sabber am Mund ins Ziel und gibt dann, durch den Sabber völlig **außer** Atem, **mit** Dialekt ein Interview, von dem man **kein** Wort versteht.

Kommunalwahlplakate

An einem Wahlplakat arbeiten viele hoch bezahlte, kreative, hippe, moderne, lässige und allwissende Werbefachleute. Die denken sich irgendeinen Trend aus, wie:

Der Wähler will Gruppenbilder.

Dann wird der unbekannte Kandidat fotografiert, mit Assistenten, der halben Stadtverwaltung, Hausmeistern und zufälligen Passanten. Darunter oder darüber gehört der Ortsname. Also z. B: *Gut für ... (Ortsname einsetzen).*
Darunter müssen folgende Begriffe stehen:

Zukunft, Stark, Gemeinsam, Kinder, Renten, Nahverkehr, Integration.

Beispieltext für ein perfektes Kommunalwahlplakat:
Gemeinsam stark für Nahverkehr, für mehr integrierte Kinder und Rentner und für mehr Zukunft. Gut für ...
(Ortsname einsetzen).

James Bond

Los geht's mit etwa 20 Minuten Vorspann, bei dem irgendeine Engländerin mit tiefer Stimme ein Lied jammert.

Dann wird Bond mit Accessoires ausgestattet, auf die sogar die *Yps*-Redaktion neidisch ist: Kugelschreiber mit integriertem Atomreaktor, Unterhose mit Propeller oder ein zum Martinihelm umfunktionierter Bierhelm, zum Saufen zwischendurch.

Den ganzen Film über gibt es drei Handlungsstränge:

1. Geballer,
2. Verfolgungsszenen mit quietschenden und brennenden Reifen und
3. Erotik mit gefährlichen Frauen in hellen Strandhäusern.

Das alles macht Bond in jedem Film möglichst auf allen Kontinenten und wenn er genug Feinde umgebracht hat, genug Kilometer gesprintet ist und sich oft genug geprügelt hat, ist die Welt gerettet. Bond hat keinen einzigen Kratzer im Gesicht oder Fleck auf dem Anzug, während er vor dem Abspann mit einer schönen Frau an einem schönen Strand Cocktails trinkt.

Weihnachtsgeschenke kaufen

Emsig und fröhlich strömen **d i e   F r a u e n** in der Weihnachtszeit in die Innenstadt, jeweils ausgerüstet mit einer ellenlangen Einkaufsliste. Sie kaufen Geschenke, aber auch Gestecke, Geschenkpapier, Süßigkeiten, Weihnachtskarten für Freunde, Verwandte, Bekannte, Briefträger, Müllabfuhr. Eine Woche vor Weihnachten ist endlich alles gekauft, wird liebevoll verpackt, große Schleife drum.

Am 23. Dezember bemerken **d i e   M ä n n e r** ganz plötzlich: *Ach ja, is ja Weihnachten ... da brauch ich wohl ein Geschenk für meine Frau.* Der Mann geht ins Internet, bestellt ein Topfset und ein Kochbuch, klickt auf *als Geschenk verpacken* und hofft einfach mal, dass es noch pünktlich ankommt. Und sonst verschenkt er einen Gutschein. Da freut **s i e** sich garantiert riesig.

Silvester

Vorher ewige Diskussionen: *Wo wird mit wem und ohne wen mit welchen Klamotten und welchem Essen und welchen albernen Spielchen gefeiert.*

Außerdem will s i e keine Knaller, sondern Brot statt Böller. E r kauft dann doch tonnenweise Knaller ein, weil Böller einfach lauter knallen als Brot.

Darum: miese Stimmung bei der Pärchen-Party. Es gibt – a u s n a h m s w e i s e – Raclette und Bleigießen und Luftschlangen und, um die Langeweile erträglich zu machen, literweise Bier und Wein und um Mitternacht noch Sekt obendrauf.

Dann sitzen die Frauen müde drinnen, die Männer stehen stundenlang frierend draußen, um lustlos ihre kompletten Böllerberge wegzuknallen.

Danach werden die angebrochenen Sektflaschen noch schnell ausgetrunken, und am Neujahrsmorgen bleibt nur die Erkenntnis:

Man hat nicht nur schon in der Silvesternacht haufenweise gute Vorsätze gebrochen, sondern überhaupt haufenweise gebrochen.

Bobfahren

Bobfahren ist bekanntermaßen neben Dart, Billard und Curling die spannendste Sportart der Welt. Es gibt Einerbob, Zweierbob, Viererbob und Bob, den Baumeister.

Im Prinzip ist es ähnlich aufregend wie einer Murmel in der Murmelbahn zuzugucken ... in die Linkskurve, in die Rechtskurve, in die Linkskurve ... Die Fahrer bewegen sich im Bob zumindest nicht sichtbar ... genau wie die Murmel ... Linkskurve, Rechtskurve ... am Ende ist ein dicker Mann mit Schnurrbart ein Tausendstel schneller als der andere und hat gewonnen.

Arztbesuch

Die hochattraktive, freundliche Arzthelferin bittet einen ins schick eingerichtete und mit spannenden Zeitschriften ausgestattete Wartezimmer.

Das gilt für Privatpatienten.

Jetzt noch mal für Kasse: Nach zehn Minuten Warten am Empfang schaut einen die verbitterte Arzthelferin mit zu einem Strich zusammengekniffenen Lippen an und ihr bösartig lauernder Blick scheint zu sagen: *Was fällt Ihnen ein krank zu sein, Sie Weichei?!* Ungnädig schickt sie einen ins überfüllte Wartezimmer und sagt grantig: *Kann aber dauern. Is' Erkältungszeit.*

Im Wartezimmer hat man dann die Wahl zwischen der zerknitterten *Sportbild* vom Mai 2009 (Schlagzeile: *Wolfsburg kann Meister werden)* oder der klebrigen *Gala* mit dem Titel: *Boris Becker und Sandy – es ist Liebe.*

Wenn man dann endlich beim Arzt sitzt, merkt man oft, dass man die Diagnose auch selbst hingekriegt hätte.

Herr Doktor, immer wenn ich Kaffee trinke, habe ich ein stechendes Gefühl im linken Auge. Dann nehmen Sie doch den Löffel aus der Tasse!

Schwangerschaft

Eine Schwangerschaft ist für sie und ihn etwas Wunderbares!

Sie schmiert sich in neun Monaten mit 500 Litern Schwangerschaftsöl ein, damit keine Dehnungsstreifen bleiben, bekommt plötzlich Heißhunger auf Grießbrei mit Matjes und kann nichts mehr heben, das mehr wiegt als eine Salzstange.

Alles was der Mann machen muss, ist **sie** einfach nur ein **bisschen** aufbauen. *Nein mein Schatz, du hast keine dicken Oberschenkel, nein keine spröden Haare, nein, keine Pickel, keine roten Flecken, nein, keine Stimmungsschwankungen, nein, kein Doppelkinn, nein, DU BIST NICHT ANSTRENGEND.*

Alles in allem ist die elterliche Vorfreude auf ein Baby immer nur die Sehnsucht nach dem Ende der Schwangerschaft.

Heiligabend-Gottesdienst

Menschenmassen drängeln und boxen sich in die volle Kirche, und alle entscheiden sich **f ü r** den Sitzplatz und **d a f ü r** kurzfristig gegen die christliche Nächstenliebe. Endlich Orgelmusik, es geht los, alle starren auf die schief kopierten Weihnachtslieder. Papa bewegt nur die Lippen, Mama singt dafür doppelt so laut und doppelt so schief, die Kinder finden es peinlich und prügeln sich, weil sie endlich Geschenke haben wollen.

Inhaltlich dringt nicht allzu viel durch zwischen dem Geschrei der Babys und dem Geraschel der Zettel und dem Gehuste und Geniese der Erkälteten ... nur Wortfetzen: *... begab sich aber zu der Zeit, dass Augustus ... Quirinius Stadthalter ...*

Mama muss daher den Kindern erklären, dass das die Weihnachtsgeschichte ist und nicht *Der Herr der Ringe.*

... Stadt Nazareth ... Galilea ... fürchtet euch nicht, ich verkünde euch große Freude.

Irgendwann später, wenn die meisten bereits eingenickt sind, orgelt die Orgel wieder los mit ***Oh du fröhliche,*** alle drängeln und boxen sich raus und schmeißen aus schlechtem Gewissen sehr viel Geld in die Kollekte, obwohl keiner mehr weiß, wo das Geld hingeht.

Danach sieht man alle Besucher 364 Tage nicht mehr in der Kirche, bis zur nächsten, sogenannten **s t i l l e n und heiligen Nacht.**

Frauenturnen

Die besten Turnerinnen der Welt laufen ein in die Halle, und man denkt: *Och süß, sind die aus der Kita abgehauen?*

Dann ziehen sie ihre Trainingsanzüge aus, und man sieht, dass sie überall Tapes und Pflaster haben.

Dann geht's an die Geräte, und man sieht, dass sie überall Muskeln haben.

Dann verbiegen sie sich, und man sieht ... dass sie scheinbar nirgendwo im Körper Knochen haben, und am Ende jeder Übung wird gelächelt, und man sieht, dass sie das vorher noch nie gemacht haben.

Dann kriegen die drei Besten eine Medaille umgehängt

– die übrigens mehr wiegt als sie selbst – und

alle anderen Turnerinnen werden hinter

den Kulissen, weil sie ja auch noch so

jung und klein sind, von ihren Trainern

so richtig zusammengebrüllt: ... und

dann wird 4 Jahre durchtrainiert ...

ohne Pause ... und wer älter

wird als 14 fliegt

rrrrraus!

Deutscher Fernsehpreis

Viele auf dem roten Teppich hat man noch nie gesehen. Die sind dann meistens vom *Frühstücksfernsehen* oder von *Sixx* oder *ZDF Neo*.

Dann startet die Gala. Viele Kategorien werden runtergerattert oder finden während der Werbepause statt (bestes Bühnenbild, beste Kamera, bestes Buch, bester Schnitt und der am besten gezogene Lidschatten einer Nebendarstellerin am linken Auge).

Dafür werden andere Kategorien in epischer Breite zelebriert: bester Schauspieler Serie, bester Schauspieler Fernsehfilm, bester Schauspieler Sitcom, bester Schauspieler Nebenrolle … und das Ganze noch mal mit SchauspielerIN.

Am Ende werden die Ehren- und Publikums- und Sonderpreise vergeben und der Preis für den Star aus Amerika, der zufällig sowieso auf Promotour in Deutschland war. Und dann noch der Preis fürs Lebenswerk, bei dem alle aufstehen und bei dem Iris Berben und Veronika Ferres im Publikum ganz bewegt gucken, falls sie gefilmt werden, obwohl sie eigentlich denken: *Ich bin hier die Beste und Schönste und Erfolgreichste im ganzen Land. Ich ich ich ich ich!*

Wok-WM

Stefan Raab funktioniert im Prinzip wie ein hyperaktiver Drittklässler: Eine dämliche Idee haben, alle dazu überreden und die Regeln so bestimmen, dass man selbst gewinnt.

Höhö, komm, wir fahren zusammen Autos zu Schrott und nennen das Crash Challenge.

Höhö, komm, wir gehen ins Schwimmbad und spielen Turmspringen.

Höhö, komm, wir fahren in einer Wok-Pfanne durch die Eisbahn.

Leider bekommt Raab für alle Ideen einen Haufen Geld – im Gegensatz zu normalen Drittklässlern.

Bei der Wok-WM beispielsweise dürfen alle Z-Promis mitfahren, die schlechter sind als Raab. Sie starten im Vierer-Wok, Zweier-Wok, Einer-Wok oder Mixed Wok. Dazwischen treten Raabs selbst gemachte Sänger auf, also immer die aus *Unser Star für Dingsbums.* Der Rest der Show ist Werbung in der Linkskurve, Werbung in der Rechtskurve, Werbung auf dem Wok, auf dem Helm, auf Joey Kellys Jacke, auf Joey Kellys Mütze, zwischen Joey Kellys Zähnen und wahrscheinlich auch auf Joey Kellys Nasen-Innenwand, falls jemand reinfilmt.

Am Ende gewinnt der Hackl Schorsch, und Raab ist beleidigt. Eben genau wie ein Drittklässler.

Frauenthermometer

Wenn an einem warmen Sommerabend ein sanfter Windhauch weht, sagt die Frau zum Mann: *Mir ist so kalt, hol mir eine Jacke.* Wenn die Sonne untergeht und es gemütlich wird, sagt die Frau: *Mir ist so kalt, lass uns reingehen.* Wenn im Herbst das erste Blatt vom Baum fällt, sagt die Frau: *Mach die Heizung an, schnell, schnell.* Wenn es im Winter langsam auf null Grad zugeht, sagt die Frau: *Hol mir 'ne Wärmflasche, ich brauch 'ne dicke Decke, mach mir heißen Tee.* Wenn draußen Minusgrade sind, liegt die Frau unter der dicken Decke, streckt ihm ihre Eisfüße in die Weichteile und sagt mit zittriger Stimme: *Du musst mich wärmen. Mir ... ist ... so ... kalt.* Ab 10 Grad unter null ist die Frau rot und blau im Gesicht und sagt gar nichts mehr. Endlich!

Titanic

Zuerst …
t o k t o k t o k
wird ein Riesen-
passagierschiff
zusammengekloppt.

Dann … *huuup*
fährt das Ding Richtung Amerika.

Dann … *Jubel* wird an Bord gefeiert.

Dann … ROMANTISCHE MUSIK
machen Leo und Kate ein bisschen rum.

Dann: STURM breitet Leo die Arme aus und sagt,
dass er der König der Welt ist.

Dann … knirsch ist leider ein Eisberg im Weg.

Dann … gluckgluckgluck geht das
Schiff unter.

Dann … *My heart will go on* fängt
Céline Dion an zu winseln.

Dann … Zähneklappern friert Leo im Wasser
und läuft blau an,

und dann … gluckgluckgluck
geht er auch unter. Das war's.

Ralf "Linus" Höke
Shades of hä?
ISBN 978-3-8303-3331-9

Oliver Uschmann · Sylvia Witt
Wenn Männer baden gehen
ISBN 978-3-8303-3339-5

Frank Schäfer
**Was Männer niemals
sagen würden**
ISBN 978-3-8303-4321-9

SATIRE
BEI LAPPAN

Stefan Rürup
Basteln mit Bier
ISBN 978-3-8303-6245-6

Michael Kernbach
**Dads Tagebuch
Ohne mich läuft ja nichts!**
ISBN 978-3-8303-3342-5

Thieß Neubert
**99 % aller Frauen würden
dieses Buch ihrer
Freundin schenken!**
ISBN 978-3-8303-3332-6

Na denn... ffn!

radio ffn – die Private Nummer 1 im Norden – bietet echte Abwechslung mit viel Musik, aktueller Comedy, kompakten Informationen und natürlich ganz viel Niedersachsen!

Jeden Morgen bringen ffn-Morgen-män Franky und das Team von Niedersachsens bester Morning-show ganz Niedersachsen gut gelaunt in den Tag. Franky, Lena und Timm „Doppel-M" Busche präsentieren die wichtigsten News aus Niedersachsen, das Wetter vor der Tür sowie Staus und ffn-Flitzer-Blitzer auf Niedersachsens Straßen. ffn macht nämlich nicht nur Radio im „schönsten Bundesland der Welt", sondern auch *für* diesen Teil Deutschlands und ist dabei immer absolut unverwechselbar.

Wenn Comedy, dann ffn! Das wussten schon die Urväter der Radio-Comedy vom Frühstyxradio. Umso schöner, dass ffn auch in den Reihen der eigenen Moderatoren und Redakteure solche Talente hat, die mit Kreativität, Wortwitz und Humor neue Comedys erfinden: Jan Zerbst ist einer davon. Seine „Welt in 30 Sekunden" wurde 2012 zur besten Radiocomedy Deutschlands gekürt und mit dem Deutschen Radiopreis ausgezeichnet. Die Serie gibt es täglich um 6 nach 6 in Niedersachsens bester Morningshow – natürlich bei radio ffn! ...

Und wer dann immer noch nicht genug hat, kann die „Welt in 30 Sekunden" nochmal hören und hören und hören:

Vol. 1: Kat.-Nr. 771 055-2   **Vol. 2:** Kat.-Nr. 771 099-2